가족
앞모습

가족
앞모습

샘터

책머리에

〈샘터〉에 '가족'을 연재하기 시작한 것은 1975년이었다. 그때 나는 갓 서른의 청년이었다.

보통 연재는 작가와 편집자가 끝나는 시점을 정해놓고 시작하지만 '가족'은 언제 끝날지 기한을 정하지 않고 출발한 '미완성 교향곡'과 같은 소설이었다.

우리의 인생도 따지고 보면 어디서부터 와서 어디로 가는지 알 수 없는 미완성의 여로와 같은 것이라면 일상생활에서 느낀 이야기를 그 달 그 달 소설 형식으로 쓴 '가족'은 소설로 쓴 내 인생의 자서전일 것이다. 그 어떤 큰일도 원고지 20매 분량을 넘을 수 없고, 하찮은 사소한 얘기도 정량을 차지하는 이 평균율平均率의 연작 소설은 내가 매달 한 장씩 붙여가는 가족앨범과 같은 것이다.

이 낡은 앨범에 나오는 아내를 비롯한 나의 가족들은 이웃에 함께 사는 여러분 모두의 가족이며, 그러므로 이 이야기는 단순히 내 가족의 개인사가 아니라 여러분 모두의 가족사家族史일 것이다.

어느덧 35년이 흘러갔으며 '가족'은 400회를 맞게 되었다. 매달 20매씩의 원고가 8천 매에 이르는 장편소설이 되었으며, 나는 청년에서 장년, 그리고 중년과 노년을 거쳐 '우물쭈물하다가 내 이럴 줄 알았다'라고 쓴 버나드 쇼의 묘비명처럼 우물쭈물하다가 어느덧 죽음을 앞둔 인생의 황혼기에 접어들게 되었다. 그동안 펴낸 〈가족〉은 이번으로 아홉 번째가 되어간다. 내가 쓴 소설 중에 가장 긴 대하소설(?)이 되어버린 것이다.

열 권을 채운 후 이 교향곡을 끝내게 될지 아니면 영원히 미완성으로 남게 될지는 오로지 신神만이 알고 있는 몫이겠지만 400회의 인생행로人生行路를 통해서 만나고 스쳐갔던 사람들, 함께 걷고 있는 수많은 이웃들, 앞으로도 만나게 될 나그네들 모두가 한 가족임을 깨달은 요즘 나는 그 모든 소중한 인연들과 삼라森羅와 만상萬象을 향해 고맙다는 사랑의 말을 전하고 싶다.

2009년 여름
최인호

차 · 례

책머리에 4

나의 클레멘타인, 가족 11
명명백백한 나의 마음 20
시가 피우는 취미 27
아내는 '수호천사' 34
말의 문은 닫고, 지갑의 문은 열어라 42
꽃 피고 새 우는 나의 집 48
오만에서 본 바다거북 55
바다로, 세계로 나아가라! 61
유향나무 같은 사람이 되고 싶다 67
오, 나의 태양이여! 76

내 얼굴을 본 적이 있는가 82
할아버지의 사랑법 89
탈북 여성 이혜리의 꿈 98
자신의 일부를 주어라 106
마님, 미니 스커트 입은 춘향이가 되시어요 113
바람과 먼지와 풀처럼 119
모든 것이 사라진다 해도 125
영원한 스승의 눈물 131
'최사모'를 아시나요? 137
큰스님을 모시는 마음으로 143

고요를 잃어버린 도시 152

'장엄한 업적'을 이룬 나라 158

꽃다운 님의 얼굴에 눈멀었습니다 166

30년 만에 천국에서 온 편지 172

마음의 수술로 없애고 싶은 주름살 180

해인당을 떠나며 186

노래의 날개를 타고 돌아온 누나 194

새 집 예찬 201

눈에서 멀어지면 마음에서 멀어진다? 210

안녕하세요 216

뉴스형 인간으로부터의 자유　224
즐거운 편지　231
35년 만에 들은 아내의 노래　237
해방둥이의 운명　246
목욕의 즐거움　253

강운구, 수고했소. 이젠 돌아가도 좋소　259
행운을 부르는 꿈　268
잘 가라, 7401　275
인생은 유치찬란해　284
사랑을 표현하는 유일한 방법　291

나의 클레멘타인, 가족

　최근 샘터사에서 연작 소설집 〈가족〉 6, 7권이 한꺼번에 출간되었다. 6권의 책 제목은 '나의 사랑 클레멘타인'이고, 7권은 '어디서 무엇이 되어 다시 만나랴'이다.
　'나의 사랑 클레멘타인'은 '넓고 넓은 바닷가에 오막살이 집 한 채, 고기 잡는 아버지와 철모르는 딸 있다'로 시작되는 미국의 민요에서 제목을 따온 것이고, '어디서 무엇이 되어 다시 만나랴'는 김광섭의 시에서 따온 제목이다. 따지고 보면 처음 〈샘터〉에 '가족'을 연재할 때만 해도 책이 일곱 권에 이를 것이라고는 꿈에도 생각하지 못했다.
　처음 '가족'을 연재한 것이 아마도 1975년 9월쯤인 것으로 기억된다. 당시 〈샘터〉 편집인들이 그날그날의 생활 속에서 느끼고 깨달은 짧은 이야기를 소설 형식으로 연재할 수 없겠냐고 제의했을 때 생각했던 것이 바로 '가족' 이야기였다. 아내와 다혜, 그리고 도단이를 주인공으로 해서 소설로 된 인생의 자서전을 쓰겠다고 내가 제의했을 때 당시 편집인은 이를 흔쾌히 수락했으면서도 이 짧은 연작 소설이 30년 가까이 연재될 것이라고는 상상하지 못하였을 것이다. 그런 의미에서 이 작품은 언제 끝이 날 줄 모르는 '미완성 교향곡'과 같은 작품인 것이다. 첫 회에 등장했던 다혜는 그때 2년 6개월밖에 안 된 어린아이였다. 바나나도 모르고, 모자도 모른다고 으름장을 놓던 어린이 그림책 외판원에게 주눅이 들었던 아내 앞에서 다혜는 자기가 얼마나 똑똑한 아이인가를 시위라도 하듯 '피리 부는 사나이'를 불렀었다.

"나는 피리 부는 사나이 / 걱정 하나 없는 더도리 / 은빛 비리 하나 꼬 다니지 / 모진 비바람이 부러도 / 거센 누보라가 다쳐도 / 언제나 웃는 머쟁이"

그 '피리 부는 사나이'를 부르던 딸아이가 이제 시집을 가서 그와 나이가 비슷한 정원이를 딸로 둔 엄마가 되었다. 그 무렵 첫 돌밖에 되지 않았던 도단이 녀석도 이제 회사에 갓 입사한 신입사원으로 곧 장가를 가야 할 만큼의 성인으로 성장하고 있다.

〈가족〉 첫 권의 서두에 나는 아내와의 결혼식 이야기와 다혜를 낳을 때의 에피소드를 덧붙였었다. 다혜를 낳을 때의 장면이 다음과 같이 묘사되어 있다.

'(전략) 그때였습니다. 덜컹 분만실의 문이 열리면서 간호사가 가슴에 아기를 안고 나왔습니다. "뭐예요, 뭐?" 앉아 있던 장모님이 대뜸 그것부터 물었습니다.

"딸이에요, 따알."

"아이구머니나. 어때요, 애기 엄마는?"

"순산이에요."

"어디 좀 보자, 어디 좀 봐."

나는 우두커니 멀찌감치 서 있었습니다. 공연히 눈시울이 뜨거워지고, 세상 모든 것에 대해 부끄럽고 죄송스러웠습니다.

"여보게, 와서 좀 보게."

나는 주춤주춤 그리로 갔습니다. 한 아기가, 도저히 사람이라고는 상상할 수 없는 조그만 고깃덩어리에 불과한 아기가 손에 안겨 있었습니다. 여린 얼굴에 핏자국까지 묻어 있었습니다.

"아빠 닮았지?"

나는 가만히 아이를 보았습니다. 갈 길이 바쁜 간호사를 붙들고 보았는데, 문득 나는 그곳에서 29년 전의 나를 보았습니다. 내가 그곳에 안겨 있었습니다. 눈도 뜨지 못한 채 세상 보기 싫다는 듯 고개를 숙이고.

"안녕."

나는 인사를 했습니다. 그것은 이 세상에 나온 아기와 나와의 첫 번째 인사였습니다. 나는 긴 복도를 줄곧 걸었습니다. 복도는 끝이 어디인지, 출구가 어디인지 막막해서 마치 미로에 빠진 것 같았습니다. 이제 아기는 크겠지. 그래서 재롱을 피울 것이다. 봐라, 나는 키운다. 한번 멋지게 키울 것이다. 화초에 물을 주듯 나는 아기를 키울 것이다. 아기가 장난감이 필요할 때면 때맞춰 사다줄 것이다. 난 절대로 절대로 이 아이를 궁색하게 키우지는 않을 것이다. 쌍, 맹세한다, 맹세해. 나도 남들처럼 피아노를 배우게 할 것이다. 남들처럼 어린이 합창단에도 집어넣어 노래를 부르게 할 것이다. 두고 봐라, 두고 봐. 쌍, 맹세한다, 맹세해. 나는 눈이 녹아 질퍽이는 거리로 나왔습니다······.'

〈가족〉 6권과 7권이 나오는 날, 나는 서재를 뒤져 〈가족〉 1권에 실린 다혜를 낳던 장면을 되찾아 읽어 보았다. 절로 웃음이 나올 만큼 유치한 맹세를 딸아이 앞에서 했던 그대로 나는 장난감이 필요할 때면 때 맞춰 사다주었다. 남들처럼 피아노도 사주고 이를 배우게도 했다. 그 피아노가 시집간 딸아이 방에 아직도 그대로 남아 있다. 남들처럼 어린이 합창단에도 집어넣어 노래를 부르게 하겠다는 약속은 지키지 못했다. 왜냐하면 딸아이는 노래보다 그림 그리는 것을 더 좋아했기 때문이었다. '두고 봐라, 두고 봐. 쌍, 맹세한다.' 맹세했던 대로 나는 딸아이를 궁색하게 키우지는 않았던 것 같다. 그러나 과연 그것만이 올바른 아버지의 길이었을까. 나는 애비라는 그 사실 하나만으로도 딸에게 많은 상처를 입히지 않았던가. 그러나 여전히 내 앞에 그 긴 복도는 그대로 남아 있다. 간호사의 품에 안긴 딸아이의 모습을 처음으로 본 후 걸었던 복도. 끝이 어디인지 출구가 어디인지 막막해서 마치 미로에 빠진 것 같은 긴 복도는 아직 내 앞에 남아 있다. 나는 출구도 없고, 끝도 없는 긴 복도를 줄곧 걸어온 것 같다.

그 복도에서 사랑하는 누이들을 비롯한 내 가족은 이제 내 곁을 떠나 어디론가 사라졌으며, 또한 사위를 비롯한 손녀 정원이와 같은 새 가족도 만나게 되었다. 참으로 알 수 없는 신비한 복도. 어디서 와서 어디로 갈지 모르는 미완성의 복도에 나는 아직 그대로 서 있는 것이다.

그러나 나는 알고 있다. 이 복도의 끝은 분명히 있으며, 그 복도의 끝 저편에는 아내와 딸, 그리고 아들과 손녀도 존재하지 않는 영원이 있음을 나는 알고 있다. 하늘과 땅이 갈라지기 전의 세계와 아버지와 어머니가 태어나지 아니하였을 때의 세계가 있음을 나는 믿고 있다. 그러므로 이 인생의 복도는 영원으로 가는 회랑回廊이며, 이 회랑에서 만나는 나의 가족들은 반드시 어디서 무엇이 되어 다시 만나게 될 영원의 존재임을 나는 알고 있다.

니체는 말하였다.

"인생 그 자체는 기둥과 그 계단이며, 자기 자신을 건축하여 올라가려는 것입니다. 아득히 먼 곳을 향해 눈을 부릅뜨고 이 세상 것이 아닌 아름다움을 보려 하는 것입니다. 때문에 인생은 높이가 필요한 것입니다. 높이가 필요하기 때문에 계단이 필요하며,

계단과 그곳을 올라가려는 사람들의 의지가 필요한 것입니다. 인생은 올라가려고 합니다. 올라가면서 자기를 극복하려는 것입니다."

니체의 말처럼 내게 있어 가족은 미지의 세계로 올라가는 계단이다. 이 계단이 없었다면 나는 미지의 세계에 대한 조망眺望을 포기할 수밖에 없었을 것이다. 아내는 나의 계단이며, 다혜와 도단이는 나를 전망대에 오르게 하기 위한 사다리인 것이다. 어디로 와서 어디로 가는지 알 수 없는 신비한 복도에서 그나마 계단을 통해 창밖의 풍경을 내다볼 수 있었던 것은 나를 믿고 따라준 가족들 덕분인 것이다.

'전망 좋은 방.' 이 지상에서 내가 얻은 방 하나, 전망이 좋은 방에서 내다보는 바깥 풍경에는 아득한 바다가 펼쳐져 있다. 마치 인도의 시성 타고르가 노래했던 것처럼…….

"아득한 나라

바닷가에 아이들이 모였습니다.

가없는 하늘 그림같이 고요한데

물결은 쉬지 않고 넘실거립니다.

아득한 나라 바닷가에

소리치며 뜀뛰며 아이들이 모였습니다.

모래성 쌓는 아이, 조가비를 줍는 아이

마른 나뭇잎으로 배를 접어

웃으면서 바다로 띄워 보내는 아이

모두들 바닷가에서 재미나게 놉니다."

  우리의 삶이란 아득한 바닷가에서 모래성을 쌓는 놀이인지도 모른다. 우리의 욕망이란 나뭇잎으로 배를 접어 넓은 바다로 띄워 보내는 소꿉놀이인지도 모른다. 그럼에도 불구하고 내게 있어 가족은 천상으로 오르는 계단이며, 가없는 하늘가, 고요하고 아득한 바닷가에서 함께 뛰노는 벌거숭이의 아이들이며, 사랑하는 나의 클레멘타인인 것이다.

  바라옵건대 신이여, 이 미완성 교향곡인 〈가족〉이 10권을 채울 수 있도록 내 남은 인생의 열매 위에 이틀만 더 남극의 햇빛을 주시어 릴케의 시처럼 마지막 단맛이 짙은 포도송이 속에 스밀 수 있도록 이를 허락하소서.

1971, 논산

명명백백한 나의 마음

요즘 나는 차를 타고 가면서 음악 한 곡을 즐겨 듣고 있다. 남녀가 서로 달콤한 목소리로 사랑을 노래하는 중국 가요다. 노래의 제목은 '명명백백한 나의 마음'이다. 사랑하는 사람에게 하늘에 뜬 태양처럼 의심할 여지가 없는 자신의 명명백백한 사랑을 고백하는 이 노래는 지난달 중국에 보름간 여행을 하고 돌아올 때, 내가 워낙 이 노래를 좋아하니까 함께했던 중국 측 가이드가 선물한 음반에 들어 있는 노래이다. 이 노래를 좋아하게 된 데에는 유래가 있다.

1990년대 중반 무렵 나는 '왕도의 비밀'이라는 제목 아래 먼 저우滿洲 대륙을 중심으로 한 고구려의 유적 탐방 다큐멘터리를 제작하고 있었다. 특히 광개토대왕의 발자취를 좇는 이 프로그램을 찍는 동안 나는 세 번이나 체포되었으며, 문화 간첩으로 블랙리스트에 올라 1999년 12월 31일까지는 중국에 입국할 수 없다는 공안당국의 최종 판결을 받고 추방당했다. 중국에서는 특히 고구려의 역사에 대해서 취재하는 것을 매우 예민하게 생각하고 있었다. 그 심장부인 먼저우를 누비며 촬영하는 우리의 신상은 낱낱이 중국 공안당국에 의해서 포착되고 있었으며, 우리를 도와준 조선족들은 백 일간이나 감옥에 갇혀 있을 수밖에 없었다.

실제로 1990년대 말 내가 K 회장과 여행을 떠나기 위해서 중국 대사관에 비자를 신청했더니 발급 이틀 만에 취소되었는데, 전해들은 말로는 '최인호 씨는 매우 중국에 불필요한 사람'이기 때문이라는 것이다.

그 말을 들었을 때 나는 매우 슬펐다. 지금까지 수십 개국의 외국을 여행하였지만 개인적으로 나는 특히 중국을 좋아했었다. 끝없는 지평선을 달리다가 땅 끝에서 떠오르는 불타는 태양을 바라볼 때 나는 대지의 위대함을 중국에서 느꼈다. 21세기의 최첨단 문명과 천 년 전의 원시가 함께 존재하는 불가사의한 대륙, 중국. 나는 마음속으로 중국을 사랑하고 있었던 것이다. 내가 중국 측에서 보면 껄끄러운 고구려의 역사를 추적했던 것은 내 조국에 대한 뜨거운 열정 때문이었지 중국에 대한 반감 때문은 아니었다. 그러나 그 이후 나는 7년간 그리운 중국에 입국조차 할 수 없었다.

그러던 중 최근에 나는 어쩔 수 없이 중국에 비자 신청을 해야 하는 입장에 처하게 되었다. 중앙일보에 연재하고 있는 '해신'을 KBS에서 또다시 5부작 다큐멘터리로 만들자고 해서 장보고의 발자취를 좇아 산둥 반도를 비롯한 중국의 내륙 지방을 여행할 수밖에 없었던 것이다. 나는 일단 비자를 신청해 보기로 하였다. 그들이 고지한 대로 1999년이 지났으니, 어쩌면 블랙리스트에서 내 이름이 말소되어 비자가 발급될지도 모른다는 기대감에서였다. 그런데 정말로 비자가 발급되었다. 나는 또다시 중국에 입국할 수 있는 자격을 획득한 것이다. 7년 전 마지막으로 베이징을 떠날 때 비행기 이륙 시간을 30분이나 연장시킨 후 나 혼자 공안차를 타고 활주로를 달려 비행기 트랩을 오를 때 영원히 중국에 발을 딛지 못할 줄 알았다. 그런데 이제 다시 그리운 중국에 발을 디딜 수 있게 된 것이다.

7년 만에 찾은 중국은 눈부시게 발전되어 있었다. 인천에서 배를 타고 칭다오에 도착한 우리는 보름 동안 하루에 평균 4~5백km를 달렸다. 우리가 달린 거리는 아마도 6천km가 넘었을 것이다. 중국 역사상 2대 불가사의는 만리장성과 수나라 때 만든 대운하로 우리는 그 대운하의 루트를 따라 칭다오, 추저우, 쑤저우肅州, 양저우, 쑤저우蘇州, 상하이 등 도시 이름도 일일이 기억할 수 없는 대장정을 떠났다. 아침에 눈을 뜨고 출발할 때면 우리는 '오늘도 걷는다마는 정처 없는 이 발길'로 시작되는 유행가를 부르면서 대장정을 시작했으며, 밤이면 낯선 곳에서 고꾸라져 잠들었다.

그때 들은 노래가 바로 '명명백백한 나의 마음'이라는 달콤한 노래였다. 원래 이 노래는 7년 전 먼저우 대륙을 누빌 때 대유행을 하던 노래였다. 아직도 많은 사람에게 애창되고 있었다. 이 노래를 듣자 문득 7년 전의 추억이 되살아나 내 가슴을 아련하게 적셨다.

6천km에 이르는 대장정은 고달프면서도 기쁨이었다. 가도 가도 끝이 없는 대륙을 횡단하면서 나는 내 마음속에서 사라졌던 야성野性이 샘솟아 오르는 것 같은 열정을 느끼고 있었다. 일찍이 프랑스의 작가이자 사상가였던 볼테르가 말했던가.

"중국의 왕조가 비록 멸망할 때가 있었으나 그 문화는 우세하다. 정복된 것은 오랑캐지 결코 중국 사람은 아닌 것이다."

볼테르의 말처럼 원나라, 청나라 등 중국을 지배했던 수많은 이민족이 있었으나 결국 정복된 것은 중국 문화에 흡수된 오랑캐들이다. 중국 역사상 수많은 왕조가 일어나고, 분열되고, 싸우고, 통일되었지만 그것은 어디까지나 밖으로 드러나는 파도에 지나지 않은 것. 중국인들은 여전히 흙에서 태어난 사람은 흙에서 죽어가고, 물에서 태어난 사람은 물에서 죽어가고 있는 것이다.

7년 전 어느 날 촬영을 하다가 황하의 강가에서 젊은 남자와 여자가 황혼녘에 포옹을 하고, 섹스를 하는 모습을 본 적이 있다.

그들의 모습은 전혀 음란하지 않았다. 역사와 함께 흘러가고 있는 황하의 강가에서 여자를 자신의 무릎 위에 앉히고 홍조가 되도록 섹스를 하는 그들의 모습은 지극히 자연스러웠다. 그들은 그렇게 해서 정액을 흘리고, 아이를 낳고, 죽어갈 것 아닌가. 황하가 수천 년 동안 역사의 한복판을 흘러가듯 흘러가는 것은 강물이 아니라 우리들 인간이며, 결국 흘러가는 인간들이 만든 궤적이 역사가 아닐 것인가.

중국의 대륙을 여행하면서 나는 오줌이 마려우면 차를 세우고 아무 곳에서나 오줌을 쌌고, 아무 곳에나 쓰레기를 버렸으며, 식사 때는 무엇이든 먹었다. 워낙 중국 음식을 좋아하는 탓에 음식을 가려 먹어야 하는 당뇨 환자임에도 불구하고 나는 닥치는 대로 먹었다. 뱀의 쓸개도 먹었고, 개구리의 뒷다리도 먹었으며, 전갈도 먹었다. 오랫동안 술을 절제하여 나도 못 믿을 만큼 술의 양이 줄었으나 점심이건 저녁이건 식사 때마다 그 지방의 특산물인 배갈을 마시다 보니 전성기 때의 술 실력을 회복하여 먹고, 마시고, 그리고 술 취하면 노래를 불렀다. 일찍이 임어당林語堂은 중국인의 식도락에 대해서 설명한 적이 있었다.

"중국의 과학자들은 뱀, 원숭이, 악어의 고기나 낙타의 혹은 도대체 어떤 맛일까 하는 것을 언제나 생각하고 있다. 참된 과학적 호기심은 중국에서는 식도락食道樂의 호기심과 맞닿아 있다."

네 발이 달린 것은 책상만 빼고는 모두 다 먹는다는 중국인의 식도락을 나는 예찬한다. 그들 음식은 놀랍게도 위생적인데, 왜냐하면 모든 음식은 불에 지지고 볶아 멸균 처리가 되어 있기 때문이다. 덕분에 나는 2kg이나 살이 쪄서 돌아왔다. 3개월마다 한 번씩 찾아가는 아산 병원의 이기업 박사는 그런 나를 호되게 꾸짖으며 말하였다.

"이렇게 혈당 관리를 잘못하시면 곤란합니다."

그러나 나는 당장에 혈당이 조금 올라가는 한이 있더라도 모처럼 내 몸속에서 꿈틀거리는 그 야성이 훨씬 더 소중하다고 생각한다.

끝없는 대지. 하루에 4~5백km를 달려가다 보면 머리는 텅 비고, 가슴은 시작도 끝도 없는 영혼의 대륙에서부터 뿜어져나오는 정기를 받아 풍선처럼 부풀어 오른다. 천 년 전의 장보고 시대와 똑같이 생활하고 있는 중국 사람들. 밖으로는 21세기의 첨단 과학 문명이 물결치고 있어도 황하는 백 년에 한 번이나 맑아질까 말까 하니, 여전히 백년하청百年河淸이 아닐 것인가. 일찍이 주나라의 시에 '황하의 흐린 물이 맑아지기를 기다린다고 하여도 인간의 짧은 생명으로는 모자란다'고 하였으니 우리의 백 년도 못 되는 짧은 인생에서 어찌 황하의 물이 맑아질 것을 기대할 것인가.

같이 여행을 하던 조선족 코디네이터 김성우 군이 내게 중국말 한마디를 가르쳐주었다.

"워 밍밍바이바이더 아이 니. 니 아이 워 마?"

그 말의 뜻은 다음과 같다.

"나는 명명백백하게 너를 사랑한다. 너도 나를 사랑하느냐?"

나는 중국에서 만난 수많은 사람에게 내가 배운 중국말을 사용하였다. 할머니를 만나도, 아가씨를 만나도, 어린아이를 만나도 나는 이렇게 묻고 그렇게 말하곤 했다.

"니 아이 워 마?"

그러면 중국 사람들은 슬며시 웃곤 하였다.

시가 피우는 취미

나에게는 특별히 좋아하는 기호품嗜好品이 없다. 기호품이라면 영양을 위하려는 것이 아니고 향기나 맛이나 자극을 취하기 위해서 먹거나 마시는 것을 말함인데, 언제부터인가 술도 시들해지고, 커피도 하루에 한두 잔 정도는 마시지만 마시지 않고는 못 견디는 커피 광은 아니다. 담배는 벌써 20년 전에 끊어버렸고, 그렇다고 녹차에 대한 취미도 없는 것을 보면 나는 무취미한 사람 중의 하나일 것이다.

그럼에도 불구하고 내겐 단 하나의 기호품이 있는데, 그것은 다름 아닌 시가다. 몇 년 전까지만 해도 신문이나 잡지 같은 데에선 시가를 물고 있는 모습을 싣는 걸 가급적 자제하여 사람들은 모르고 있었지만, 요즘엔 여기저기에 시가를 물고 있는 사진이 나와 웬만한 사람들은 내가 시가를 즐기고 있음을 잘 알고 있을 정도이다.

솔직히 말해서 시가는 고급 취미라 할 수 있다. 내가 요즘 피우고 있는 아바나 산 시가는 최고급은 아니지만 한 대에 만 원이 넘는 고가품이다. 시가 한 대가 고급 담배 서너 갑 이상의 값에 해당하는 사치품인 것이다.

옷이나 구두, 화장품, 액세서리, 라이터, 만년필, 자동차와 같은 그 어떤 호사 물품에도 전혀 관심이 없는 내가 시가만은 꼭 쿠바 산을 고집하고 최상품은 아니라도 핸드 메이드의 시가를 고집하는 것은 내가 봐도 이례적인 일이다. 그만큼 나는 시가를 애용하고 있는 시가 광이라고 말할 수 있다. 시가는 내가 가장 좋아하고 있는 특별한 기호품인 것이다.

내가 시가에 대해서 취미를 갖게 된 것은 샘터에 이사장으로 계시던 김재순 선생님 덕분이다. 김 선생님은 시가 광으로 내가 알기로는 수십 년 전부터 두툼한 시가를 물고 다니셨다. 선생님에게는 많은 사람이 시가를 선물했는데, 시가를 피우는 사람들의 공통된 특징은 쿠바 산이 아니면 도저히 피울 수가 없다는 것이다. 그래서 선생님의 방 냉장고에는 쿠바 산이 아닌 필리핀 산 시가들이 그냥 보관되어 있기도 했다. 어느 날 나는 우연히 버려진 싸구려 시가 통을 발견하고는 무작정 집으로 가져와 피워 보기 시작했다. 담배는 이미 오래 전에 끊었으므로, 니코틴 중독에 의

한 욕구 때문에 시가를 피우기 시작했던 것은 아니었다.

많은 사람이 시가와 담배가 같은 종류라고 생각하지만 실은 전혀 다르다. 담배는 폐부 깊숙이 빨아들여야 하지만 시가는 빨아들여 연기를 전혀 삼키지 않는다. 그래서 담배를 피우고 있는 사람은 시가를 온전히 피울 수 없다. 왜냐하면 담배를 피우는 사람은 습관적으로 시가의 연기까지 빨아들임으로써 결국 독한 연기에 기침을 콜록콜록 하면서 이렇게 투덜거릴 수밖에 없기 때문이다.

"아니 이 독하고 맛도 없는 시가를 왜 피우십니까?"

시가는 연기를 빨아들이는 담배가 아니다. 시가는 다만 입 안까지만 연기를 빨아들여 그 향기를 머금고 입으로는 그 촉감을 즐기는 것에 묘미가 있다.

시가 하면 사람들은 으레 영국의 정치가였던 윈스턴 처칠을 떠올리곤 한다. 처칠은 항상 시가를 물고 다녔으므로 '체인 스모커'의 대명사로 알려져 있다. 실제로 처칠이 스코틀랜드 산골에 체류하고 있을 때 어떤 농부가 잎담배를 질겅질겅 씹으며 마당에 연신 침을 뱉는 것을 보고 소리를 질렀다.

"여보슈, 그 씹는 담배 없이는 땅을 갈 수 없소이까?"

농부는 웃으며 말하였다.

"처칠 씨, 그것은 당신도 마찬가지입니다. 당신도 그 시가를 물지 않고는 정치를 할 수 없지 않습니까."

농부의 말처럼 시가를 물지 않고서는 정치를 할 수 없었던 윈스턴 처칠. 그러나 그는 담배 중독자는 아니었다. 엄밀히 말하자면 평생 동안 시가를 물고 다녔지 담배를 피운 사람은 아니었던 것이다.

선생님의 냉장고에서 무단으로 훔쳐온 필리핀이나 수마트라산 시가를 무턱대고 피우기 시작했다. 사무실 직원들도 처치 곤란한 시가였으므로 내가 달라 하면 그냥 주었다.

그 무렵 나는 다큐멘터리 촬영을 하느라고 스파이처럼 숨어들어가 중국을 여행하고 있었다. 숨 막히는 중국 대륙에서 시가를 피우는 것은 유일한 즐거움이었다. 그러나 3, 4년이 지날 때까지도 나는 시가의 맛을 느끼지 못하고 있었다.

아내 역시 시가를 피우는 나에 대해 유관순 누나처럼 저항하며 못마땅하게 여기고 있었다. 몸집도 작은 사람이 왜 사람들 앞에서 큼지막한 시가를 물고 폼 잡고 거들먹대느냐는 식이었다. 남들 앞에서 어떻게든 튀어보려는 경박한 태도 때문이 아니냐고 연신 바가지를 긁어대곤 했다. 나는 그러거나 말거나 여전히 시가를 물고 다녔다.

내가 시가에 대해 본격적으로 취미를 붙이기 시작한 것은 내 돈으로 시가를 사서 피우기 시작한 최근의 일이다. 선생님 냉장고의 싸구려 시가들은 이미 동이 나버렸고 하는 수 없이 내가 직접 시가를 사서 피울 수밖에 없었다. 그렇게 되자 자연 시가에 대한 흥미도 갖게 되고, 어떤 브랜드는 어떤 맛이고, 어떤 사이즈와 어떤 굵기의 시가가 입에 맞는다는 식의 감각이 생겨나기 시작하였다. 이처럼 시가에 완전히 취미가 붙고 나서부터는 왠지 아내마저 더 이상 바가지를 긁지 않고 사람이 많은 데서 시가를 피워 물고 있어도 그냥 내버려두기 시작하였다.

시가는 내 유일한 즐거움이다. 매일 아침 시가 통에서 한 대의 시가를 꺼내 피워 물고 외출을 할 때면 사랑하는 애인과 함께 데이트를 나가는 느낌이다. 왜 사랑하는 여인에게도 그런 표현을 쓰지 않는가.

"주머니에 넣어서 하루 종일 같이 다니고 싶다."

마찬가지로 내 주머니에 있는 시가는 그날 하루 종일 나와 데이트하는 애인이다. 아니 애인 이상의 연인인 것이다. 시가는 피우다 내버려두면 그대로 조용히 꺼지는데 반해 애인은 데이트하다 내버려두면 심심하다고 칭얼대고 짜증을 부리지 않는가. 시가는 내버려둬도 스스로 꺼져서 내가 다시 자신을 발견하고 불을 붙일 때까지 더 이상 나를 괴롭히지 않는다.

그리고 그 맛이라니. 주머니에 들어 있던 시가를 막 꺼내들고 손톱으로(원래 시가의 끝을 자르는 절단기가 있지만 나는 즐겨 사용하지 않는다.) 시가의 끝을 잘라 입에 물었을 때의 그 만족감. 그리고 시가에 불을 붙여 첫 모금 빨았을 때의 충일함. 그때는 창가로 숨어들어오는 아침 햇살마저 찬란하게 빛나고 향기롭게 느껴진다.

프랑스의 시인 보들레르는 노래하였다.

나는 어느 작가의 파이프예요.
아비시니아나 카프로리 여인처럼
그들은 내 얼굴을 보면
사람들은 우리 주인의 종임을 단박 알지요.
그가 괴로움에 휩싸일 때면
나는 마구 연기를 뿜어대지요.
들에서 돌아오는 농부를 위해
저녁밥 채비하는 초가집처럼
불붙은 내 입에서 솟아오르는
하늘대는 푸르른 그물 연기 속에
나는 그의 넋을 껴안아 어루지요.
그리고는 짐짓 향기를 감돌려
그의 마음을 스리슬슬 녹이고
지친 정신을 깨끗하게 고쳐주지요.

보들레르가 예찬하였던 '파이프'처럼 시가는 요즘 내게 힘찬 향기를 감돌게 하고 지친 정신을 깨끗이 고쳐주는 우정의 벗이자, 들에서 돌아오는 농부를 위해 저녁밥을 준비하는 초가집에서 솟아오르는 저녁 연기처럼 지친 나를 껴안아주고 어우르는 다정한 애인인 것이다.

　나는 지금도 시가를 피우고 있다.

아내는 '수호천사'

　　나는 아내와 자주 외출하는 편이다. 그럴 때면 나는 으레 차고에서 차를 빼고, 아내는 누가 시키지도 않는데 차 뒤에서 교통정리를 한다. 우리가 사는 주택은 대로변에 있어 항상 양쪽에서 분주하게 차들이 오가고 있다. 차를 뺄 때면 맞은편에서 오는 차를 잠깐 정지시키거나 차가 오지 않을 때의 빈 공간을 기다려야 한다. 아내는 마치 교통 순경처럼 나서서 차를 막아 세우기도 하고, 어떨 때는 내가 후진하지 못하도록 쾅쾅 소리를 내면서 본네트를 때리기도 한다.

　　나는 백미러로 혹은 머리를 돌려 그런 아내의 모습을 볼 때마다 마음속으로 그 순간 아내가 참 아름답다고 생각하게 된다.

　　아내는 운전면허증을 땄지만 지금껏 한 번도 운전을 해본 적이 없다. 완전 '장롱 면허증'으로, 아내는 20년 간 완전 무사고 운전자인 것이다. 그럼에도 불구하고 아내는 내가 차를 뺄 때면 주차요원처럼 손을 들어 수신호를 하고 경찰처럼 오는 차를 손으로 막아 일단 정지까지 시키고 있다. 평소에 나서거나 활달한 성격도 아닌 아내가 이처럼 우스꽝스러운 교통정리를 하고 있는 건 전적으로 남편인 나에 대한 배려 때문일 것이다.

오래 전 시집간 딸이 아내에게 물어본 적이 있었다.

"엄마, 엄마는 왜 아빠 같은 사람과 결혼을 했어?"

아이들도 평소에 그것이 꽤나 궁금했던 모양이었다. 솔직히 나는 가진 재산도 없는 가난뱅이였고, 잘 생긴 편도 아니고, 성격이 좋거나 장래성이 보장된 청년도 못되었다. 그런 아빠에게 엄마가 시집을 갔다는 것이 신기했던 모양이다. 나는 지금껏 아내가 나를 선택했다기보다는 내가 아내를 선택했다고 억지 착각에 빠져 있었다. 노처녀가 되어버릴지도 모르는 여자를 내가 구원해주었다고 기고만장해 있었는데, 이런 내 심정을 〈가족〉 첫 회에 다음과 같이 표현한 바 있다.

"……사실 여자란 남자에게 가택 수색 당하고, 불법 침입 당하면, 몸도 마음도 시들어 이제는 다른 남자 앞에서 생처녀 행세한들 누가 믿어주거나 속아주지 않을 것이 뻔하기 때문에 우리 여편네는 내게 매어달린 것이올시다."

그러나 이러한 표현은 소설가적 과장에 불과하다. 결혼할 때 아내의 나이는 스물여섯 살에 불과하였으므로 마음만 바꾸어 고무신을 거꾸로 신으면 얼마든지 괜찮은 남자 하나 물어 결혼하였을 것이다.

아내는 다혜에게 다음과 같이 대답하였던 것으로 기억된다.

"지겨워서 했단다. 만나고 헤어지고, 성격이 지랄 같아 지지고 볶고 하는 것이 지겨워서 했단다. 그리고 또……."

"그리고 또?"

"불쌍해서 했단다. 니 아버지가 얼마나 불쌍했던지 나마저 떠나버리면 누가 저 사람을 보호해주고 돌봐줄까, 그것이 불쌍해서 결혼했단다. 니 아버지는 마치 고아와도 같았어."

나는 아내의 그 대답을 무심결에 흘려 들었지만 요즘 나는 그 대답을 하루에도 수십 번씩 화두처럼 떠올리곤 한다. 내가 그처럼 불쌍해 보였을까. 자기마저 보호해주지 않으면 노숙자처럼 거렁뱅이가 되어버릴지도 모른다는 절박한 보호 본능이 생겨날 만큼.

요즘 나는 저녁 여섯 시 무렵이면 불가피한 일이 아니면 대부분 집으로 돌아간다.

"아니 도대체 무슨 일입니까?"

만나는 사람들도 의아해 한다. 저녁 여섯 시면 그때부터 술자리가 시작되고, 흥미진진한 저녁 모임이 시작되게 마련인데, 허둥지둥 집으로 돌아가는 나를 다들 이상하게 생각하고 있다. 그러면 나는 대답한다.

"집에서 할 일이 있어."

"누가 오기로 되어 있습니까?"

"아니."

"그럼 무슨 일입니까?"

"아내와 할 말이 있어서 그래."

"아니 아내와 도대체 무슨 할 말이 그리 많습니까?"

사람들은 알지 못한다. 사람에게는 누구나 해야 할 말의 절대량이 있다. 내가 집으로 일찍 들어가는 것은 아내가 해야 할 말의 절대량을 채워주기 위함이다. 아내는 1년이면 365일 집에만 있다. 내가 아는 한 아내의 친구는 다섯 명이 넘지 않는다. 전화를 걸어 수다를 떨 상대도 없다. 아내는 수도승처럼 집안에만 붙어 있다. 찜질방도 가본 적이 없고, 노래방도 가본 적이 없다. 목욕탕도 가본 적이 없고, 골프는 물론 운동조차 해본 적이 없다. 아내의 외출이란 기껏해야 백화점에 가서 식구들이 먹을 찬거리를 사는 것뿐이다. 아내의 유일한 취미였던 영화 감상도 언제부터인가 시들해서 사라져 버리고, 허구헌날 집에만 붙어 있다. 내가 일찍 집으로 들어가는 것은 아내의 말상대를 해주기 위함이다. 사람에게는 누구나 수도승이 아닌 이상 필요한 대화의 절대량이 있는데, 이를 해소하지 못하면 정신 건강에 좋지 않을 것이라고 나는 생각하고 있다.

아내의 머릿속은 온통 가족들로만 가득 차 있다. 자신의 취미, 자신의 욕망, 자신의 오락거리에는 전혀 관심이 없다. 심지어 자신의 건강에도 별로 신경을 쓰지 않는다. 나는 그런 아내의 유일한 말상대로서 스트레스를 해소해줄 의무가 있는 것이다.

그럼에도 불구하고 아내는 전혀 심심해 하지 않는다. 나는 그것이 참 이상하다. 도대체 아내는 어떻게 무미건조한 나날의 일상을 견디고 있는 것일까.

최근에 나는 아내에게 물어본 적이 있었다.

"취미 활동 좀 해봐. 그렇게 집에만 붙어 있지 말고."

아내는 대답하였다.

"집에만 붙어 있는 것이 내 취미예요."

"심심하지 않아."

"심심하죠. 그러나 견딜 만해요."

"도대체 무슨 재미로 살아?"

"심심한 재미로 산다니까요."

그리고 나서 아내는 이렇게 말하였다.

"내가 왜 취미 활동을 안 하는 줄 알아요? 가령 내가 찜질방에 가서 그것에 내가 취미를 붙였다고 합시다. 그럼 그만큼 내 가족에 대한 관심과 사랑이 줄어드는 거예요. 내가 왜 재미있는 일에 관심이 없는 줄 아세요? 가령 재미있는 일, 예를 들어 골프를 치고, 친구들과 더불어 동해로 드라이브를 가서 회를 먹는다고 합시다. 그럼 그만큼 가족에 대한 관심은 줄어드는 거예요. 나는요……."

아내는 내게 분명하게 대답하였다.

"가능하면 가족에 대한 내 사랑이 다른 것으로부터 방해받지 않기를 바래요. 그래서 이렇게 내가 필요하면 언제든지 출동하는 5분 대기조처럼 참고 기다리고 있는 것뿐예요."

이제 알았으니, 아내는 내게 있어 수호신이다.

어느덧 결혼한 지 30여 년의 긴 세월이 흘렀지만 아내는 언제나 네거리에 서서 내 인생의 교통정리를 해주었던 교통 경찰이었다. 아내가 없었더라면 나는 인생의 고속도로에서 굴러 벌써 죽어버렸거나 중앙선을 침범하여 정면 충돌해서 인생의 낙오자가 되었을 것이다.

아내는 내가 가는 곳이면 그 어디든 나타나 입에 호루라기를 불고, 수신호를 하고, 때로는 단호하게 딱지를 떼어서 교통 범칙금도 부과하고, 때로는 음주 운전 테스트를 해서 나를 이 정도나마 아슬아슬하게 보호해주고 있는 보호자인 것이다.

아내는 내게 있어 수호천사인 것이다.

1971, 서울 뚝섬

말의 문은 닫고,
지갑의 문은 열어라

시중에 떠도는 말 중에 다음과 같은 우스갯소리가 있다.

'검사와 교수와 의사 셋이 밥을 먹었다. 누가 밥값을 냈겠는가?'

정답은 엉뚱하게도 음식점 주인이었다.

요즘 느끼는 것 중 하나는 사람은 나이가 들수록 스크루지처럼 인색해진다는 사실이다. 주위에 있는 대부분의 친구와 가까운 사람들이 좀체로 자신의 지갑을 열지 않으려 한다는 사실을 느낄 때가 많다.

서너 명이 함께 모여서 식사를 했을 경우 아무도 선뜻 나서서 밥값을 내려 하지 않으면 으레 어쩔 수 없이 그중의 누군가 한 사람이 나서서 돈을 낼 수밖에 없다. 대부분 돈을 내는 사람이 정해져 있다. 문제는 돈을 내는 사람이 일행 중에서 가장 돈이 많아서 그러는 것이 아니라는 점이다. 훨씬 더 돈이 많고 여유가 있는 사람들이 있는데도 번번이 돈을 내는 사람은 술래처럼 정해져 있다. 이렇게 되면 번번이 돈을 내는 사람도 나중에는 은근히 화가 나고 이 사람들이 나를 만만한 봉으로 아는가 하는 자격지심에 부아가 일게 되지만, 돈을 내지 않는 사람은 이런 분위기보다는 자신의 주머니 속에서 한 푼이라도 돈이 나가지 않는 즐거움이 더 크기 때문인지 점점 더 염치가 없어지고 뻔뻔해지게 마련인 것이다.

남에게 무엇을 얻어 먹거나 공짜로 대접을 받는 것은 물론 기분 좋은 일이다. 그러나 이런 일이 되풀이되면 그는 염치없는 사람이라는 평판을 받게 되고, 나중에는 구두쇠라는 별명을 얻게 될 것이다. 구두쇠라는 별명을 들을지언정 또한 자린고비란 별명을 듣게 되는 한이 있더라도 정작 당사자들은 자신의 주머니에서 피 같은 돈이 나가지 않았다는 그 하나의 기쁨 때문에 그런 비난쯤은 전혀 아랑곳하지도 않는다.

나이가 들면 이런 구두쇠 증상이 날로 심해진다. 자신의 죽음이 가까워온다는 공포감 때문에 노후를 대비하기 위해서 돈을 아껴둬야 한다는 절약 정신이 그렇게 만든 모양이다. 몽테뉴는 그의 작품 〈수상록〉에서 말하고 있다.

"사람에게 있어 인색은 늙어서 모두에게 잘 걸리는 병이며, 인간의 모든 어리석은 수작 중에서 가장 꼴불견이다."

몽테뉴의 말은 정확하다.

인색한 사람들은 자신이 절제력이 있고, 아낄 줄 아는 사람이라고 착각하고 있지만 실은 하나의 심각한 병이다. 인색한 사람들은 주위 사람들을 불쾌하게 만드는 환자이며, 이런 증상은 몽테뉴의 말처럼 나이가 들어갈수록 심각해지는 병이며, 인간의 모든 행동 중에서 가장 비열한 꼴불견인 것이다.

나이가 들어서 남에게 베풀 여력이 없는 사람은 드물게 마련이다. 실제로 가난한 노인들은 남에게 얻어먹거나 대접받을 당연한 권리가 있다. 왜냐하면 그는 그토록 고통스런 인생을 살았으므로. 그러나 많은 노인은 젊은이들이 생각하고 있는 것보다 더 많은 재산을 갖고 있으며, 그럼에도 저금 통장에 적혀 있는 잔액에 만족하는 기쁨으로 한 푼에도 벌벌 떨고 있다. 그 한 푼을 내어놓으면 자신의 남은 인생의 일부를 내어놓는 공포에 휩싸이는 것처럼.

그 사람이 한때 큰돈을 모은 기업가였든, 대학교의 총장이었든, 권력을 가졌던 정치가였든, 한때의 화려한 경력도 아무런 소용이 없다. 그들은 명예보다도 한 푼이 더 소중한 돈 벌레로 전락해 버리는 것이다.

이와 같은 인물의 대표적 명사로는 춘정春亭 변계량卞季良이 있다. 그는 고려 말과 조선조의 문신이었는데, 이색, 정몽주와 더불어 당대의 뛰어난 문사였다. 10여 년간 대제학을 지내는 동안 명문장가로 이름을 떨쳤으며, 〈태조실록〉의 편찬과 〈고려사〉의 개수에도 참여했던 사람이다. 그는 평소에 조그만 물건이라도 남에게 빌려주지 아니하였고, 심지어 가을에 동과冬瓜를 쪼갤 때마다 쪼개는 대로 기록하였으며, 손님을 맞아 술을 마실 때에도 마신 잔의 술을 짐작하고는 술병을 조심스럽게 봉하여 거둬들여서 그의 안색을 살피고 불쾌하게 돌아가 버리는 손님이 많았다고 전해지고 있다.

변계량의 자린고비 증상은 나이가 들수록 심해져서 조선 세조 때에 예조판서를 지냈던 성현成俔은 그의 수필집 〈용재총화慵齋叢話〉에서 변계량의 인물평을 다음과 같이 묘사하고 있다.

"변계량이 흥덕사興德寺에 머물며 오랫동안 〈국조보감國朝寶鑑〉을 엮을 때였다. 세종 임금께서는 그의 문장을 중히 여겨 궁중에서 하사하는 찬이 끊이지 않았고 여러 고관과 동료들도 다투어 음식을 보냈는데, 하나하나 여러 방 속에 저장하였다. 날이 오래되어 구더기가 생기고, 냄새가 담 밖에까지 번져나가도 이를 언덕에 갖다 버릴지언정 종과 시종들에게는 하나도 나눠 먹이지 아니하였다."

변계량이 당대 최고의 문장가였고, 대제학을 거쳐 도청제부사에 이르렀던 권력자라 할지라도 시종들로부터는 자린고비라는 손가락질을 받은 구두쇠에 불과하였다. 이러한 구두쇠의 비극은 자신의 인생을 재산과 맞바꾸고 있다는 점이다. 마치 알코올 중독자가 자신의 인생을 술과 맞바꾸고, 마약 중독자가 자신의 인생을 마약으로, 도박 중독자가 인생의 주인공을 도박으로 맞바꾸듯 이러한 수전노는 자신의 인생을 한 푼의 물질과 맞바꾸고 있는 것이다. 고대 그리스의 목가 시인이었던 비욘은 인색한 사람에 대해서 말하고 있다.

"인색한 사람은 자기 재산을 소유하고 있는 것이 아니라 그의 재산이 그를 소유하고 있는 것이다."

그러므로 인색한 사람은 어느 누구에게도 너무 가까운 접근은 용납하지 않으려고 항상 긴장해서 경계하고 있다. 그는 모든 사람을 멀리하려 하는데, 실은 그가 사람들을 멀리하는 것이 아니라 모든 사람이 그에게서 멀어져가고 있는 것이다. 왜냐하면 인색한 사람들이야말로 우리의 인생 자체를 불쾌하게 만들기 때문이다.

이처럼 나이가 들어갈수록 인색해지는 것이 있는가 하면 또 상대적으로 많아지는 것이 있다. 그것은 바로 말(言)이다. 나이가 들어갈수록 한결같이 말은 많아지고, 돈에 대해서는 인색해지게 마련인 것이다.

"말의 문은 닫고, 지갑의 문은 열어라."

최근에 들은 말 중 가장 인상 깊은 말은 바로 이것이다. 나이가 들어갈수록 입은 닫아 말을 줄이고, 대신 귀를 활짝 열어 남의 말을 열심히 듣는 한편 무엇보다 지갑의 문을 활짝 열어야 한다는 말로, 모든 늙어가는 노인이 명심해야 할 금과옥조일 것이다. 인색한 사람의 피는 붉은색이 아니라 파란색이다. 파란색의 피는 다른 사람에게 수혈되지 못한다. 남에게 덕을 베푸는 것은 바로 지갑을 여는 일이다. 닫힌 지갑은 고집불통의 바윗덩어리 노인으로 인간을 화석화시킨다.

그렇다.

보기 좋은 노인으로 늙어가는 일은 그 어떤 명예를 얻는 것보다 힘든 일이며, 지갑을 열어 남에게 베푸는 일이야말로 저물어가는 석양을 붉게 물들이는 인생의 가장 황홀한 낙조落照인 것이다.

꽃 피고 새 우는 나의 집

　　　　　가정의 즐거움을 찬양하는 노래 중에서 가장 유명한 노래는 뭐니뭐니 해도 '홈 스위트 홈'일 것이다. '즐거운 곳에서는 날 오라 하여도 내 쉴 곳은 작은 내 집뿐이리~' 하고 시작되는 이 노래는 이 지상에서 가장 아늑하고 편안한 곳은 '꽃 피고 새 우는 내 집뿐이리'라고 끝맺음으로써 제목 그대로 '스위트 홈'을 찬양하고 있다.

　그러나 막상 이 노래를 작곡한 존 하워드 페인은 한 번도 가정을 가져본 적이 없었던 떠돌이였다. 그가 이 노래를 지은 때도 프랑스 파리에서 엽전 한 푼 없는 거렁뱅이 신세에 놓여 있을 때였다. 한평생 아내를 얻지 않고 집을 가지지 않은 채 지상을 헤매던 방랑자였던 그는 1851년 3월 3일, 친구였던 C.E.그리크에게 다음과 같은 편지를 보낼 정도였다.

"이상한 얘기지만 세계의 모든 사람에게 가정의 기쁨을 자랑스럽게 노래한 나 자신은 솔직히 말하면 아직 가정이라는 맛을 모르고 지냈으며, 앞으로도 영원히 맛보지 못하고 말 것이오."

그는 이 편지를 쓴 지 1년 뒤 튀니지 어느 길가에서 쓰러져 세상을 떠났다. 얼마 후 그의 시체는 다시 고향인 미국 워싱턴의 오크 언덕 공동묘지에 이장되었다. 죽은 후에야 비로소 안주의 땅을 얻을 수 있었던 것이다. 이처럼 전 세계인이 사랑하는 스위트 홈의 작곡가가 방랑객이었다는 사실은 매우 아이러니컬하게 느껴지겠지만, 어쨌든 지난달 나는 모처럼 가족 모두와 꽃 피고 새 우는 곳에서 만날 수가 있었다.

미국 LA에 사는 내 동생 영호는 그곳에서 '라디오 코리아'라는 방송국의 사장으로 있는데, 이른바 '최인호와 함께 떠나는 알래스카 여행'이라는 간판을 내걸고 여행 기획 상품을 마련했던 것이다. 캐나다 밴쿠버에서 배를 타고 일주일 간 알래스카를 순회하는 여행이었다. 다행스럽게도 LA 교민 80여 명이 참여했고, 이 기회에 미국에 사는 가족은 물론 형 내외와 다혜 그리고 손녀 정원이까지 합세하여 모든 가족이 함께 배를 타고 여행하자는 아이디어가 나와서 이를 실행에 옮긴 것이다.

지금껏 형제가 모두 한 자리에 모인 것은 2년 전 큰누이가 돌아가셨을 때 치른 장례식 자리가 처음이었다. 이번에는 다혜와 손녀 정원이까지 참여하였으므로 2세들뿐만 아니라 3세들까지 총망라된 이른바 최씨 패밀리의 총동원이었다. 실제로 크루즈 여행을 끝내고 LA의 한 중국 음식점에서 온 가족이 한데 모일 때에는 조카들까지 합쳐서 28명이나 참석하였던 대규모의 파티였다. 비교적 형제끼리 우애가 좋고, 단결이 잘 된다 하여서 큰누나는 우리 가족을 '마피아'라고 부르길 좋아했다. 큰누나가 자신을 '대부'라고 생각하고 있었는데, 대부였던 큰누나는 돌아가셨지만 누이의 자랑대로 '최씨 마피아'가 이처럼 한 배를 타고 알래스카 여행을 하는 것은 참으로 드문 일이 아닐 수 없었다.

 나는 '가족'이란 소설을 〈샘터〉에 30년 가까이 연재하고 있었으므로 많은 사람이 우리 가족에 대한 인적 사항을 소상히 알고 있다. 내 딸 다혜와 아들 도단이의 이름은 물론 어떤 사람은 벌써 내 손녀 정원이의 이름까지 기억하고 내게 안부를 묻곤 한다. 사람들은 내가 무슨 가족 전문가인 것 같은 느낌을 갖고 있는 모양이다. 이번 여행에서도 많은 사람이 내게 가족의 의미에 대해 질문을 해왔다. 그러나 나 역시 가족의 존재와 의미에 대해서는 답하기가 어렵다.

 뉴욕에 사는 누이와 매형, 형과 형수, 동생과 제수, 다혜와 정원이 그리고 나와 아내 등 도합 열 명이 한 배를 타고 1주일 이상 함께한 크루즈 여행이야말로 우리에게 있어 가족의 의미가 과연 무엇인가를 새삼스럽게 심사숙고해볼 수 있는 절호의 기회였다.

물론 이 세상에서 피를 나눈 가족처럼 가까운 사이는 없을 것이다. 오래 전에 읽은 내용이지만 잊혀지지 않는 이야기가 있다.

　스승은 언제나 '이 세상의 모든 것은 덧없이 사라지는 환상'이라고 말해왔다. 그런데 어느날 자신의 아들이 죽자 스승은 크게 통곡하고 울었다. 이를 본 제자가 물었다.

　"스승님은 언제나 가족은 환상이라고 말씀하시지 않았습니까? 그런데 환상에 불과한 아들이 죽었는데 어찌 그리 슬피 우십니까?"

　이 말을 들은 스승은 대답했다.

　"그렇다. 내 아들 역시 환상이다. 그러나 아들에 대한 환상은 다른 환상보다 더욱 절실하고 애틋한 환상인 것이다."

　이 우화처럼 같은 아버지와 어머니를 둔 형제 자매야말로 이 세상에서 만날 수 있는 가장 절실하고 애틋한 환상의 인연일지도 모른다. 그러나 그런 절실하고 애틋한 인연의 가족임에도 불구하고 1주일 동안 내 가슴속에 줄곧 떠오르고 있던 질문 하나는 다음과 같은 것이었다.

　"나는 정말 진심으로 누나를 사랑하고 있는 것일까?"

　"나는 진심으로 내 동생 영호를 사랑하고 있는 것일까?"

　가족은 피를 나눈 사람들이므로 서로가 서로를 사랑하고 있다고 믿고 있다. 그러나 그 사랑이 입으로만 이야기되는 사랑이 아니라 마음과 마음이 통하는 진실된 사랑인가 하는 데에는 심각한

의문이 드는 것이다.

  한 엄마에게서 태어난 형제와 누이들은 어느덧 각자 가정을 이루어 자신들만의 아이들과 가족을 갖고 있다. 형제들은 아내를 만나 아이들을 얻었으며, 누이들은 남편을 만나 아이들을 얻었다. 그리하여 그들만의 방식과 그들만의 생활 습관을 통해 가족을 이뤄온 것이다. 한 형제는 기독교 신자이며, 한 형제는 가톨릭 신자이고, 한 형제는 무신론자이다. 한 형제는 서양의 신을 믿는 형제들을 이해할 수 없다고 공격하고, 한 형제는 동정녀 마리아를 숭배하는 가톨릭을 이해할 수 없다고 반박한다. 같은 엄마의 자궁에서 태어났으나 각자의 성격이 달라 누나는 동생들이 마누라들에게 너무 절절매는 것이 아닌지 못마땅하게 느껴지고, 아내들은 누나가 쓸데없이 시누이 노릇을 하는 게 아닐까 섭섭해 한다.

  가족들이 하는 말 한마디 한마디가 서로에게는 상처가 되는 것이다. 가족이 아닌 다른 사람들끼리의 모임이라면 그냥 넘어갈 수 있는 말도 가족끼리가 되면 독을 묻힌 화살처럼 치명적인 상처가 되어버린다.

  예수는 다음과 같은 의미심장한 말을 하였다.

  "내가 세상에 평화를 주러 온 줄로 생각하지 말아라. 평화가 아니라 칼을 주러 왔다. 나는 아들은 아버지와 맞서고, 딸은 어머니, 며느리는 시어머니와 서로 맞서게 하려고 왔다." 예수의 말은 그것으로 그치지 않는다. 그는 보다 심각한 말로 끝을 맺고 있다.

"집안 식구가 바로 자기 원수이다."

예수는 어째서 가장 다정해야 할 집안 식구, 즉 가족이 원수라는 극단적인 표현을 하였을까. 비록 자신은 떠돌이로 죽었지만 '이 세상에서 가장 즐거운 곳은 꽃 피고 새 우는 내 집뿐이다' 라고 한 존 하워드 페인의 노래를 예수는 어째서 부정하고 있는 것일까.

"이 세상에서 가장 고통스러운 지옥은 꽃 피고 새 우는 내 집이다."

나는 예수의 말처럼 원수끼리의 가족들과 함께 알래스카를 여행하는 배를 타고 여행을 하고 돌아왔다. 이 여행에서 얻은 가장 큰 소득은 바로 이것이다. 가족이야말로 가장 인내가 요구되는 대상이며, 가족이야말로 가장 큰 희생과 무조건의 용서가 요구되는 상대다.

가족은 서로를 사랑하고 있다는 착각 속에서 상대방의 눈을 쳐다보려고 하지 않으며, 상대방의 실체를 인정하려 하지 않는다.

가족들이 나누는 사랑은 납세의 의무처럼 형식적인 것이 되고 만다. 가족을 사랑하는 것이야말로 사랑의 가장 근원적인 것이므로 이 방법을 모르는 가족들은 만나면 부둥켜안고 울거나 아니면 손 잡고 노래를 부르거나 술을 마시고 춤을 춰버린다.

우리가 가정을 통해 진심으로 배워야 할 것은 사랑하는 사람을 올바로 사랑하는 방법인 것이다. 이 사랑하는 방법을 올바로 배워나갈 때 비로소 우리의 집은 꽃 피고 새 우는 지상의 낙원이 될 수 있을 것이다.

오만에서 본 바다거북

지난달 20여 일 동안 해외 여행을 다녀왔다. 오만과 이집트, 그리스, 터키 그리고 인도네시아 등 5개국을 다녀오는 여행인데, 제일 고통스러웠던 것은 비행기를 갈아타는 일이었다. 대부분의 항로가 도시에서 도시로 직접 연결되지 않고 두바이라든가 싱가포르 같은 큰 도시의 비행장을 거쳐가야 했기 때문에 비행기를 갈아탄 숫자만 해도 열세 번에 이르는 '극기 훈련'이었다.

힘이 든 만큼 보람도 있는 여행이었다. 그리스와 인도네시아를 빼면 이집트와 터키 그리고 오만은 처음으로 가는 미지의 나라였기 때문이었다.

그중 오만은 지도 위에서만 볼 수 있었던 국가였다.

아라비아 반도의 남동부에 위치하는 이슬람 군주국으로 여간해서는 찾아갈 수 없는 생소한 국가였다. 오만은 '신밧드의 모험'으로 유명한 나라인데, 다들 알다시피 신밧드는 일곱 번이나 인도양에 나가 갖가지 모험을 통해 최고의 부자가 된다는 〈아라비안 나이트〉의 주인공이다. 이를 통해 알 수 있듯이 오만은 아라비아 반도에 있는 사막 국가이긴 하지만 전 국토가 아라비아 해와 맞닿아 있고, 특히 해안에는 16km의 너비로 평야가 이루어져 있어서 다른 나라와는 달리 바다를 통해 장사를 하고 신밧드처럼 인도양으로 나아가 전 세계를 상대로 무역을 벌였던 해양 국가였다. 우리가 흔히 아라비아 상인이라고 말하는 사람들은 대부분 오만 사람이다. 아라비아 상인들은 7, 8세기에 인도를 거쳐 중국과 국제 무역을 성행시켰으며, 특히 이들은 그 당시 무역 도시였던 양주에 이슬람 사원을 짓고 집단 부락을 이루며 살고 있었던 것이다.

뿐만 아니라 아랍인들은 신라와도 많은 교역을 하고 있었다. 인삼과 비단, 황금 같은 신라의 특산물이 아랍인들이 즐겨 수입하던 물품이었다. 우리나라에도 아랍의 특산물이 많이 수입되었는데, 그 대표적인 물건은 유향이라고 불리는 향료와 대모玳瑁라고 불리는 바다거북의 등껍질이었다. 대모는 통일 신라의 귀족들이 즐겨 쓰던 사치품으로 여인들은 이 바다거북의 껍질로 빗을 만들었고, 남자들은 수레의 장식품으로까지 사용했다.

따라서 통일신라의 흥덕왕興德王은 834년 이와 같은 외래품의 사용을 엄금하는 규정을 반포하였다. 〈삼국사기〉에 나와 있는 그 내용은 다음과 같다.

'사람은 상하上下가 있고, 주인은 존비尊卑가 있어 명칭과 법칙이 같지 않고 의복도 다르다. 그런데 풍속이 점점 각박하고 백성들이 다투어 사치와 호화를 일삼고, 외래품의 진귀한 것들만을 숭상하고, 도리어 국산품을 야비한 것이라 싫어하니, 예절이 참람하려는 데 빠지고 풍속이 파괴되는 데까지 이르렀다…….'

이미 1,200년 전에 흥덕왕이 교시할 정도로 신라인들은 '외래품의 진귀한 것만을 숭상' 하고 있었는데, 그 대표적인 것이 귀족들이 수레에 사용하던 거북의 등껍질 장식이었던 것이다.

그 당시에 벌써 아라비아 상인들의 거북의 등껍질이 인기였을 만큼 오만은 오늘날에도 멸종되어가는 푸른 바다거북의 산란지로 전 세계에서 유례를 찾아볼 수 없는 장소다.

우리가 오만을 찾아간 것도 유향을 채취하는 장면과 바다거북의 모습을 촬영하기 위함이었다. 다행스럽게도 공보국의 관리인 무하메드의 안내로 바다거북의 모습을 촬영할 수 있었다.

바다거북은 그 고기와 알의 맛이 일품이어서 사람들이 함부로 잡아 지금은 거의 멸종에 이르렀으므로 오만 정부에서는 바다거북의 산란지를 통제구역으로 선포하고, 촬영은 물론 출입조차 할 수 없게 막고 있다. 다행스럽게도 우리는 그곳에 들어갈 수 있는 정식 허가를 얻은 것이었다.

지금껏 여러 나라를 여행하며 빼어난 풍경을 보아 온 나에게도 그날 밤 열두 시가 가까운 늦은 시간에 신밧드가 항해를 떠나던 수르 항구에서 캄캄한 사막을 한 시간이나 달려 도착한 바닷가에서 본, 바다거북의 알을 낳는 장엄한 모습은 정말 잊을 수 없는 장면 중의 하나였다.

안내원의 안내로 바닷가에 도착하여 자동차의 헤드라이트를 꺼버리자 사방은 곧 어둠에 휩싸였다. 달빛도 전혀 없는 그믐밤이었다. 작은 불빛이라도 있으면 알을 낳느라 신경이 예민해진 바다거북은 그대로 방향을 바꿔 바닷속으로 되돌아간다 하여서 우리는 담배조차 피우지 못하고 있었다. 나를 놀라게 한 것은 밤하늘에 가득한 별들. 아아, 나는 그토록 많은 별이 밤하늘에 걸려 있는 모습을 본 적이 없다. 어쩌다 백과사전에서 보는 별자리 도표를 그대로 하늘 위에 옮겨 놓은 것 같은 별 별 별 별들. 그 별들이 합심하여 이루어낸 별빛들로 밤의 파도와 바닷가로 뻗어져나간 암벽들의 모습이 선명하게 구분되었다. 신발을 벗고 모래사장을 걸어가는 우리의 맨발 아래서는 모래 속에 들어 있는 인燐이 걸어가는 발길의 충격에 의해서 형광색으로 빛나면서 부서지고 있었다. 불빛뿐만 아니라 인간의 말소리에도 거북이는 거부 반응을 일으킨다 하여서 침묵으로 걷던 우리 앞에서 갑자기 안내원이 한 곳을 손끝으로 가리켰다. 그곳에는 바위 덩어리와 같은 어두운 물체가 모래사장 위에 누워 있었다.

그 물체는 천천히 바다를 향해 움직이고 있었다. 안내원의 설명인즉 이미 산란을 끝내고 바다로 돌아가는 거북이라는 것이었다. 그리고 보니 거북이가 올라왔다가 돌아간 발자국들이 두개의 선으로 선명하게 남아 있었고, 어둠이 눈에 익자 곳곳에 거북이의 발자국들이 보이기 시작하였다. 안내원을 설득하여 한 개의 조명만을 밝히고 거북이의 모습을 촬영하기 시작했다. 이제 막 알을 낳기 시작하는 거북이의 모습을 촬영할 수 있었던 것은 기적과도 같은 행운이었다.

거북이는 모래를 헤치고 백 개 정도의 알을 낳을 수 있는 구덩이를 만들고 그곳에 집중적으로 알을 낳는데, 안내원은 알을 낳기 위해서 진통을 시작한 거북이가 편하게 알을 낳을 수 있도록 뒷다리를 조심스럽게 펼쳐 주었다. 마침내 거북은 흰 알을 한 개, 두 개 연거푸 낳기 시작하였다. 나는 엉겁결에 거북의 등을 잡고 산통을 하는 거북을 도와주기 위해서 함께 힘을 주느라 이를 악물었다. 그 순간 눈에 들어온 것은 거북의 눈물이었다. 알을 낳는 고통을 이기느라 거북은 눈물을 흘리고 있었다. 거북의 눈물을 본 순간 내 눈에도 함께 눈물이 흐르기 시작했다.

알에서 깨어난 거북의 새끼는 바다로 나아가 30년 가까이 자라다가 보통 150kg, 큰 것은 300kg 가까이 될 정도로 성장한 후 자신이 태어난 고향의 바닷가를 찾아와 이렇게 알을 낳고 다시 바다로 돌아가는 것이다.

도대체 바다의 무엇이 그들을 30년 만에 돌아오게 하는 것일까. 이 고향의 무엇이 그들을 30년 만에 돌아와 이곳에서 알을 낳게 하는 것일까. 하늘과 땅이 갈라진 이후부터, 저 밤하늘의 별과 달이 생겨난 이후부터, 저 바다가 생겨나고 물과 뭍이 갈라진 이후부터 거북은 끊임없이 이곳에서 알을 낳고 부화한 새끼 거북은 다시 바다로 나아가 바다에서 30여 년의 세월을 보낸 후 이곳에 돌아와 알을 낳는다.

무엇이 이들을 그렇게 하도록 이끄는가. 도대체 무엇이 저 바다를 춤추게 하는가. 누가 별들을 반짝이게 하고, 도대체 누가 저 생명들을 살아 있게 하는가.

알을 낳는 바다거북의 장엄한 모습을 보며 돌아오는 내 가슴에 떠오른 생각 하나는 바로 그것이었다.

나는 누구이며 어디서 왔는가. 거북이가 30여 년 바다를 떠돌다가 정확히 자기가 태어난 고향을 찾아오듯이 우리의 인생, 그 바다와 같은 인생의 마지막은 어디인가. 그리고 나는 어디로 돌아가는가.

바다로, 세계로 나아가라!

지난 1년은 내게 있어 특별한 한 해였다. 내가 지금까지 살아온 그 어느해보다 해외 여행을 많이 다녔기 때문이다. 2003년 신년 특집 프로그램으로 KBS에서 방영될 5부작 '해신海神'의 다큐멘터리 작업에 매달려 중국과 일본 그리고 동남 아시아와 유럽, 중동 등 수십 개국을 줄곧 여행했다.

'해신'은 8, 9세기 통일신라 시대 때 실재했던 장보고를 주인공으로 삼아 그 당시 신라 사람들의 해외 무역 활동을 주로 다루게 되는 다큐멘터리이다. 우리나라에서는 지극히 단편적인 자료로만 남아 있는 해상왕 '장보고'의 유적이 중국과 일본에는 생생하게 남아 있는 것은 프로그램을 진행하는 나로서도 무척이나 신기한 일이 아닐 수 없었다.

특히 이집트의 수도 카이로에서 발견된 놀라운 자료는 장보고를 중심으로 한 그 무렵의 신라 상인들이 얼마나 진취적이며, 광범위한 해양 활동을 했던가를 단적으로 나타내고 있다.

카이로의 국립 박물관에서 우리는 1154년에 만들어진 세계 지도를 볼 수 있었다. 중세 지리학의 거장이라고 알려져 있는 알 이드리쉬가 그린 '세계 지도 및 세분도'에는 놀랍게도 신라의 이름이 명기되어 있었다. 그뿐인가! 신라로 가는 항해로를 상세히 그리고 있으며, 신라의 특징을 다음과 같이 묘사하고 있다.

"중국의 동쪽에 있는 신라라는 나라는 매우 풍요하고 살기 좋은 나라이다. 특히 황금이 많이 산출되고 있어 심지어 개도 금목걸이를 하고 다니는 곳이다."

이보다 더 놀라웠던 것은 846년 저술한 이븐 그루다시아의 〈제도로 및 제국지〉란 책의 내용이다. 이 책에는 신라에 대해 더 엄청난 사실을 기록하고 있다. 846년이라면 장보고가 살았던 무렵이었는데, 그는 신라에 대해서 다음과 같이 표현했다.

"중국 동쪽에는 신라라는 나라가 있는데, 이슬람에서는 신라로부터 비단검, 도포, 도기, 인삼 등 11종의 무역품을 수입하고 있다. 황금이 많이 산출되고 있어 살기에 매우 좋은 나라인 것이다."

그 다음에 이어지는 이븐 그루다시아의 말은 우리에게 더 큰 충격을 준다. "따라서 많은 아라비아 상인은 신라에 정착해 살고 있다."

　많은 아라비아 상인이 신라에 정착해 살고 있다는 이 기록은 엄청난 역사적 의미를 갖는다. 이 역사적 가치를 입증하는 재미있는 설화가 우리나라 역사서에도 기록되어 있다. 〈삼국유사〉에서 신라 제 49대 임금인 헌강왕 무렵의 기록에 등장하는 향가가 바로 그것이다.

"동경(지금의 경주) 밝은 달에
밤늦도록 놀며 다니다가
돌아와 자리를 보니
가랑이가 넷이로구나
둘은 내 것이었고
둘은 누구의 것인가
본디 내 것이지마는
빼앗은 것을 어찌 하리오."

　이 노래 가사는 밝은 달밤에 집으로 돌아와 보니 자기 아내가 다른 남자와 자고 있는 것을 보고도 춤을 추고 물러갔다는 처용랑處容郎의 노래에서 비롯된 설화이다.

　어느 날 헌강왕이 바닷가에 출유出遊하였는데, 구름과 안개가 끼어 앞이 보이지 않았다. 이상하게 여긴 왕이 신하에게 물으니 동해 용의 조화이므로 좋은 일을 할 것을 아뢰었다. 이 말을 들은 왕이 이 근처에 절을 세우라 하니, 곧 구름과 안개가 개었다. 그래서 왕은 이곳을 '개운포開雲浦'라 이름 지었다. 한편 동해 용은 매우 기뻐하며 아들 일곱 명을 데리고 왕 앞에 나타나서 인사를 한 후 그중 한 아들을 두고 바닷속으로 사라졌는데, 그가 바로 '처용'이다. 왕은 처용으로 하여금 미녀를 아내로 삼아 같이 살게 했다. 그 아내가 무척 아름다워 역신疫神이 탐을 내었다. 역신은 사람으로 변신해 처용이 없는 사이 몰래 동침을 한 것이다. 밖에서 돌아온 처용은 이를 보고도 화를 내기는커녕 오히려 노래를 부르고 춤을 추었다. 처용이 자신의 잘못을 탓하지 않는 것에 탄복한 역신은 그에 감격해 앞으로는 처용의 형상을 그린 그림만 보아도 그 집에 들어가지 않겠다고 약속했다. 이때 처용이 부른 노래를 '처용가'라고 이름 지었던 것이다. 그러나 설화의 내용이야 어찌 되었든 처용의 아내가 남편 몰래 낯선 남자와 간통했던 것은 틀림없는 사실!

학자들은 이 처용을 아라비아에서 온 상인으로 보고 있다. 이 견해는 아마도 정확한 추정일 것이다.

처용이 구름과 안개가 낀 앞이 보이지 않는 바다에서 온 용의 아들로 묘사되어 있기 때문이다. 처용이 동해 용의 아들로 묘사된 것은, 어느 날 바다에서 처음 본 이상하게 생긴 이방인이 나타났기 때문일 것이다. 아라비아 상인이었던 처용에게 왕이 미녀를 주어 아내로 삼아 살게 했던 것은 당연한 일이었다. 그 아내가 아라비아 인인 남편 몰래 간통을 저질렀지만 이를 보고도 용서한 내용이 '처용가'로 승화되어 간사한 귀신을 물리치는 벽사(辟邪)로 계속 남아 전해지는 것이다.

〈삼국사기〉에도 최치원이 직접 쓴 다섯 수의 한시가 전해진다. 그 한시의 내용은 모두 서역에서 온 사람들의 춤과 가면극을 생생하게 묘사하고 있다. '많은 아라비아 상인이 신라에 정착하여 살고 있다'는 이븐 그루다시아의 기록은 정확하게 맞아떨어지는 것이다.

우리는 지금껏 우리 민족을 폐쇄적이며 쇄국적인 아시아의 동쪽에 위치한 작은 소국민이라고 생각해왔다. 역사에 관심이 많은 나 역시 우리나라가 국제적으로 교역을 맺은 나라는 중국과 일본으로 한정되었다는 소국주의적 역사관에서 지금까지 벗어나지 못하고 있었다.

그러나 1,200년 전에 벌써 신라인들의 물품이 이집트를 비롯한 페르시아 전역에까지 수출되고, 황금의 나라 신라에 대한 기록이 이집트의 국립 박물관에서 발견되고 있다는 사실을 우리는 어떻게 받아들여야 할 것인가. 우리 민족은 그 동안 '소아병적 역사관'을 가지고 스스로를 난쟁이화시키고 있었던 것은 아닐까.

21세기는 바야흐로 코스모폴리탄의 시대.

미래로 나아갈 길에서는 오직 국경을 초월한 국제적 안목을 키우는 일이 가장 중요한 숙제일 것이다. 내가 1년 동안 장보고를 주인공으로 한 신라인들의 국제 활동을 취재한 후 느낀 소감은 바로 그것이다.

일찍이 키케로는 자신의 친구 아티쿠스에게 보낸 편지에서 말했다.

"바다로 나아가라. 바다를 제압하는 자는 언젠가 제국까지 제압하기에 이를 것이다."

나는 21세기를 사는 우리의 사랑스런 젊은이들이 키케로의 말처럼 바다로 나아가기를 바란다.

바다로 나아가 바다 건너의 무한한 세계로 다가가기를 원한다. 또한 나는 21세기를 사는 우리의 사랑스런 젊은이들이 역사 속의 영웅인 장보고처럼 바다 밖으로 진출해 국제인으로 성장하기를 바라며, 이집트의 역사학자들이 일찍이 노래하였듯 찬란한 황금의, 풍요한 나라를 이루기를 간절히 소망하고 있다.

유향나무 같은 사람이 되고 싶다

2003년 새아침부터 나는 거의 매일 밤을 새우고 있다. 지난 2년 동안 장보고의 발자취를 따라 30만 킬로미터의 대탐사 여행을 했었다. 그것을 5부작 신년 특집으로 KBS에서 주말마다 연속 방영하고 있기 때문이다.

2년간의 대장정에서 잊혀지지 않는 장면이 몇 개 있지만 그중에서 아라비아 반도의 해양국가 오만에서 보았던 유향乳香 채취 모습을 직접 본 것은 강렬한 인상으로 남아 있다.

원래 유향은 아프리카의 소말리아 지방이 원산지이지만 이 유향을 가장 많이 사용한 사람들은 이스라엘 민족이었다. 유향의 영어 이름을 '프랑크인센스'라고 하는데, 이는 원래 이스라엘 민족이 제사 때 쓰던 향료라는 뜻이다. 성경에도 이스라엘 민족이

이 유향을 얼마나 소중하게 여겼는가 하는 장면이 나온다. 아기 예수가 태어났을 때 동방에서 온 박사들이 유향을 꺼내 경배드렸다는 내용이 그것이다.

그런데 이 유향이 1,200년 전에 우리나라에서도 사용되었다는 증거가 나온 것이다.

통일신라 때 만들어진 불국사의 석가탑이 도굴범들에 의해 훼손되자 1966년 10월에 탑신을 해체하고 수리하였다. 이때 해체된 석가탑 내부에서 동경銅鏡과 옥, 그리고 은제 사리함과 다라니경과 같은 국보급 유물들이 쏟아졌는데, 놀랍게도 이 속에서 약간의 유향이 출토된 것이다. 원래 탑을 쌓을 때는 그 탑신 속에 그 무렵 가장 소중하게 여기는 상징적인 물건들을 놓고 쌓는 것이 상례다. 석가탑 안에서 유향이 나왔다는 것은 그 무렵 우리나라 불교에서도 유향을 신성한 향료로 사용했음을 분명히 보여주고 있는 것이다.

석가탑에서 유향이 나왔다는 것은 또 다른 의문점을 던지고 있다. 유향의 원산지는 원래 아프리카의 소말리아이지만 성경에 나오는 동방박사들이 아라비아 지방에 살고 있던 현자인 것을 보면 유향은 주로 오늘날의 중동지방에서 나오고 있는 특산물이다. 그런데 1천 2, 3백 년 전인 통일신라 때에 아라비아의 특산물인 유향이 어떻게 우리나라에 전래되어 귀중품으로 여겨지고 있었던 것일까.

그 무렵의 누군가가 아라비아 상인들로부터 이 유향을 수입했다는 것이 틀림없는 역사적 사실이 아닌가. 이 무렵 아라비아 상인들로부터 유향을 수입한 사람. 그뿐인가, 그들로부터 단순히 특산품을 수입만 한 건 아니리라. 신라의 특산품, 비단과 도자기, 인삼 등을 아라비아로 수출한 사람이 분명히 실재하고 있었을 것이다.

장보고. 이들 신라 상인을 지휘하고 오고가는 뱃길을 장악한 사람이 바로 장보고였던 것이다. 내가 오만으로 여행을 떠난 것은 장보고의 해상 활동을 취재하기 위함이었다. 떠난 것은 9월이었다. 오만은 섭씨 50도의 열사의 나라이고 유향이 채취되고 있는 곳은 살라라고 불리는 비교적 오아시스가 발달하고 푸른 초목이 있는 휴양지였지만 어쨌든 사막이었다. 그 한가운데 유향나무가 있었다.

건조한 사막이었으므로 수백 년 된 나무라야 키가 2, 3미터도 되지 않는 유향나무들이 드문드문 모여 자라고 있었다. 점점 멸종되어 가고 있으므로 정부에서도 이를 보호식물로 지정하고, 소중하게 관리하고 있었다. 대부분의 유향나무는 개인의 소유로 그들은 유향의 채취를 통해 생계를 유지해가고 있었다.

내가 유향나무 숲을 찾았을 때는 현지인 노인 한 사람이 낫과 물병을 들고 기다리고 있었다. 아내가 셋이라는 이 노인은 내게 유향을 채취하는 모습을 보여주었다. 낫으로 유향나무의 말라비

틀어진 가지를 이리저리 벗겨 내어 상처를 내자 나무로부터 흰 진액이 흘러나오기 시작하였다. 수지樹脂라고 불리는 즙액이었다. 수지는 나무의 피로, 사람의 피부가 상처를 입으면 그 속에서 피가 흘러나오는 것과 같은 이치인 것이다. 흘러나온 피가 굳어지듯 진액이 흘러나와 곧 굳어버린다.

채취자는 며칠 뒤 그것을 긁어오는데 그것이 바로 유향인 것이다. 비교적 단순한 작업이었지만 앙상하게 마른 나무에 일부러 상처를 내어 나무의 피를 채취한다는 사실에 처음에는 마음이 아팠다.

노인이 채취한 유향에 불을 붙이고 그 연기를 내 얼굴 가까이 손으로 부채질을 하여 연기를 보내자 곧 향기로운 냄새가 얼굴 가득히 번져오는 것을 느꼈다. 한 번도 맡아보지 못했던 독특한 냄새였다. 처음에는 약간 비릿하고 역하기도 했지만 얼마 안가서 나는 그 냄새가 무척 좋아졌다.

그 후 나는 오만 전역에서 이 냄새가 풍기고 있음을 곧 알게 되었다. 오만뿐일까. 이집트에서, 아라비아 반도 전역에서도 이 냄새가 풍겨오고 있었다. 호텔에서도 로비마다 이 유향을 피우고 있었고, 집집마다 상점마다 유향을 태우고 있었다.

그 냄새를 맡을 때마다 나는 바람난 왕비로 인해 상처받은 왕이 매일 밤 여인을 죽이자 총명한 여인 세헤라자데가 1,001개의 재미있는 이야기를 들려줌으로써 마침내 살아난다는 〈아라비안 나이트)의 이야기를 떠올렸다.

두 눈만 내어놓은 채 온몸을 검은 옷으로 가리고 있는 아라비아 여인들. 그러나 그 눈빛들은 참으로 매력적이었다. 벌거벗는 것만이 관능적인 것은 아닌 것이다. 가리고 가려 어쩔 수 없이 두 눈만 내어놓는 것이 그토록 매력적이고 관능적임을 나는 오만에서 느낄 수 있었다.

시장마다 대부분의 여인이 유향을 팔고 있었다. 이들이 검은 옷 사이에서 나는 우연히 여인의 맨발 하나가 살짝 밖으로 나온 것을 보았는데, 그 발등에는 아름다운 문신이 새겨져 있었다. 나를 안내했던 오만대사관의 박 서기관은 재미있는 얘기를 들려주었다.

"아라비아의 여인들이 저렇게 온 몸을 가리고 있다고 해서 폐쇄적이라고 생각해서는 안됩니다. 아라비아 여인들처럼 적극적으로 섹스를 즐기는 여인들이 없다고 합니다. 이 여인들은 대부분 자기 집에서는 실오라기 하나 걸치지 않는다고 합니다."

그 말을 들은 후부터 나는 검은 옷으로 온몸을 가린 여인들의 육체 그 내부에 숨겨져 있는 관능을 떠올리곤 하였다. 그것은 불순한 망상이 아니라 신이 인간에게 준 매혹적인 성의 향연과 같은 환상이었다.

유향에는 그런 체취가 분명히 있었다.

나는 지금도 몇 조각의 유향을 소중히 간직하고 있다. 내게 유향 나무의 껍질을 벗겨 생생한 현장을 보여준 노인이 선물로 준 것이다. 지난 연말 나는 그 유향을 혼자서 태워보았다. 나무의 수액이라 불길은 금세 타오르고 양이 작아 오랫동안 타지는 않았지만 그 냄새를 맡는 순간 나는 그 이글거리던 오만의 사막을 떠올렸다.

아아, 사막을 불모의 땅이라고 생각해서는 안된다.

사람은 누구나 사막보다는 풍요한 오아시스를 꿈꾼다. 그러나 사막은 죽어 있는 것이 아니라 오히려 생명력을 가지고 살아 있는 것이다. 이러한 향기는 마음껏 수분을 빨아들이고 자양분이 넘쳐 아름다운 꽃을 피워 올리는 나무에서는 절대로 날 수 없는 향기인 것이다. 사막의 고통과 죽음과 같은 인내 속에서 참고 견디며, 일 년에 단 며칠 동안만 내리는 물을 빨아들여 그 물을 소중히 간직하는 겸손함만이 뿜어낼 수 있는 향기이다.

천 년이 넘는 아득한 통일신라의 그 옛날 우리의 조상들도 사막의 향기를 소중히 여겨 수승한 석가탑 내부에 유향을 봉안하였던 것이니, 아아 허락된다면 나는 남은 인생을 유향과 같은 냄새를 풍기는 향기로운 사람이 되고 싶다.

작은 물기에도 감사하고 작은 자양분에도 기뻐하며, 이글거리는 태양에도 분노하지 않고, 건조하고 메마른 사막에도 순응하며 끊임없이 내리찍는 상처에도 이를 겸손으로 받아들이며, 오히려 자신의 즙액을 내뿜어 향료를 만들어내는……. 그래서 가톨릭에는 다음과 같은 말이 있지 않은가.

"의인義人은 향나무처럼 자신을 찍는 도끼에게 향냄새를 풍긴다."

감히 바라건대 나는 유향나무와 같은 사람이 되고 싶다. 장보고의 발자취를 좇아서 30만 킬로미터의 대장정을 끝낸 지금 느끼는 단 하나의 소감은 그것이다.

1974, 전주 동산면

오, 나의 태양이여!

나는 유난스럽게도 햇볕을 좋아한다. 10여 년 전 새 집을 지을 때 우리 집을 설계한 건축가에게 제시한 유일한 조건은, 온 집 안에 어항처럼 햇볕이 많이 들어올 수 있도록 해달라는 부탁뿐이었을 정도다.

내가 아는 사람 중에는 비가 오는 날을 좋아하여 비만 오면 우산도 받지 않고 거리를 쏘다니는 사람도 있고, 흐린 날씨의 음울한 분위기를 좋아하는 사람도 있지만 나는 단연 눈부신 햇살이 가득한 화창한 날씨를 좋아한다.

좋아하는 계절도 여름이어서 여름이면 몸의 컨디션도 최고조에 이르며, 지금껏 가장 왕성한 활동을 한 시기도 대부분 한여름이었다. 여름 중에서도 태양이 가장 이글거리는 성하盛夏의 폭염을 특히 좋아한다. 잘 아는 한의사 중에 유명한 여자 분이 있는데, 그분은 내가 태양인太陽人 체질이어서 그런 모양이라고 진단을 내렸다. 그래서 그런지는 모르지만 나는 유난히 태양을 좋아한다.

지난 여름 중국의 시안西安을 여행한 적이 있었다. 시안은 건조한 내륙지방이라 한여름에는 섭씨40도가 넘을 정도로 무더위가 심한 곳이었지만, 나는 그늘을 찾아다니지 않고 강렬한 태양이 이글거리는 양지만을 일부러 골라 다녔다.

그리스의 포세이돈 신전을 찾아가는 바닷가에서도 나는 줄곧 웃통을 벗어던지고 맨몸으로 지중해의 눈부신 태양을 쬐면서 일광욕을 했다. 함께 여행했던 일행들은 내가 더위를 먹을까봐 걱정하였지만 나는 "태양은 내 에너지원이야. 나는 태양을 받으면 받을수록 시금치를 먹은 뽀빠이처럼 기운이 나거든" 하고 말하면서 그들을 안심시키곤 했다. 그리고 나서 나는 한바탕 '오 솔레 미오' 란 노래를 불러대곤 했다.

'오 솔레 미오'는 태양을 노래한 이탈리아의 가곡으로 내가 좋아하는 노래 중 하나다. 특히 파바로티가 부르는 이 노래를 들으면 나는 문득 지중해의 바다 위에 떠있는, 폭풍우가 지난 후의 찬란한 태양의 이미지를 떠올리게 된다.

프랑스의 철학자 시몬 베이유는 〈노동일기〉에서 태양을 노래하고 있다.

"우리는 태양의 에너지가 없으면 살아갈 수 없으므로 그것을 흡수하고 있다. 우리를 지탱시키고, 근육을 움직이는 육체적인 행동을 하게 하는 것은 바로 태양 에너지이다. …… 나무에 물이 오르고 두 손으로 무거운 짐을 들어올리는 힘도 결국 태양의 힘인 것이다. 그런데 이 에너지는 접근할 수 없는 원천에서 비롯되며, 따라서 우리는 태양을 향해 단 한 발자국도 다가설 수 없는 것이다. 하지만 이 에너지가 우리를 감싼다 하더라도 우리는 그것을 가질 수 없다. 다만 엽록소라는 성분만이 우리 대신 태양의 에너지를 얻어낼 수 있다. 이 에너지로부터 태양 에너지를 얻어낼 수 있는 것이다. 태양 에너지는 엽록소에 의해서 고체로 변화하여 우리의 빵과 포도주, 기름과 과일이 되는 것이다."

스스로 스페인 내전에 참여하였던 실천적 노동가로서 '완전한 순수'라고 불리는 시몬 베이유의 말처럼 내 몸속에는 엽록소가 들어 있는 모양이다. 모든 식물이 엽록소를 통해 광합성의 에너지를 태양으로부터 얻어내듯 나는 태양이 없으면 금방 생명력을 잃어버린다.

실제로 나는 이따금 우울증에 시달릴 때가 있다. 대부분 태양 빛이 부족한 한겨울에 그런 증세가 심해지는 것을 본능적으로 알 수 있다. 청계산에 매일매일 등산한 지 올해로 벌써 8년째가 되는데, 그것은 건강상의 이유 때문이라기보다는 우울증을 치유하기 위함이다. 한겨울에도 산에 오르고 햇볕을 쬐면 나는 엽록소를 통해 광합성의 자양분을 만들어낸 나무처럼 우울증이 깨끗이 사라져버리고 생생한 삶의 열정을 느끼게 된다.

요즘 내가 많이 받는 질문 중 하나가 "어떻게 이렇게 젊어 보이고 청년처럼 보이십니까" 하는 것인데, 그럴 때면 나는 이렇게 대답하곤 한다.

"바로 태양 덕분이지요."

그러면 사람들은 내 대답을 상징적으로 받아들이며 의아한 표정으로 되묻곤 한다.

"태양 덕분이라니요?"

나는 손을 들어 하늘에 뜬 태양을 가리키며 다시 대답한다.

"바로 저 태양 덕분이라니깐요."

사람들은 내 대답을 있는 그대로 받아들이지 않는다. 내 대답을 무슨 비유와 암시로만 받아들일 뿐인데, 사실 내 대답은 가장 직설적인 표현이다.

실제로 태양은 내게 있어 힘의 원천이다. 일이 없는 날은 하루 종일 벌거벗고 커튼을 활짝 열어젖힌 눈부신 햇살 속에서 나는 빈둥거리기를 좋아한다. 사는 것이 힘들고, 외롭고, 우울하다고 느끼는 사람들의 특징은 상대적으로 어두컴컴한 골방에 틀어박혀서 무기력한 잠에 빠져드는 것이 보통이다. 햇볕은 실제로 숨겨진 곰팡이를 없애주기도 하지만 우리 의식 속에서 독버섯처럼 자라나는 절망과 우울, 슬픔과 소외의 곰팡이를 말끔하게 청소해

낸다는 사실을 현대인들은 모르고 있는 것 같아 나는 그것이 안타까울 정도이다.

일찍이 그리스의 철학자였던 디오게네스는 행복이란 인간의 자연스러운 욕구를 가장 쉬운 방법으로 만족시키는 것이며, 자연스러운 것은 감출 필요도 없고, 이 원리에서 벗어나는 것은 반자연적이라는 것을 역설하면서, 가난하지만 자연스러운 생활을 실천하였던 자유인이었다.

하루는 디오게네스가 일광욕을 하고 있을 때 그의 소문을 듣고 찾아온 알렉산더 대왕이 그에게 물었다.

"스승이시여, 그대의 소원이 무엇입니까."

디오게네스는 이렇게 대답하였다.

"왕이시여, 제 소원을 무엇이든 들어주시겠습니까?"

정복왕 알렉산더는 자신있게 고개를 끄덕이며 말하였다.

"물론입니다. 무엇이든 들어드리겠습니다."

디오게네스는 단숨에 말하였다.

"왕이시여, 당신의 그림자가 햇볕을 가리고 있습니다. 하오니 그곳에서 비켜주시옵소서."

알렉산더 대왕은 그곳을 물러나오면서 다음과 같이 말하였다고 전해진다.

"내가 알렉산더 대왕이 아니었다면 디오게네스가 되기를 바랐을 것이다."

디오게네스의 대답은 천하를 정복하는 그 어떤 권력보다도 벌거벗은 가장 자연스러운 방법으로 일광욕을 하는 것이 더 행복하다는 철학적 의미를 담고 있지만 나는 개인적으로 디오게네스의 대답을 있는 그대로 받아들이고 싶다.

나와 같은 사람에게 지상의 권력자가 찾아와 무슨 소원이든 들어주겠으니 소원이 무엇이냐고 묻는 일은 결코 없겠지만, 나 역시 찬란한 궁전보다는 한줄기 햇볕이 더 소중한 행복임을 부인하지 않을 것이다.

매일 아침 태양은 떠오르고 나는 햇볕 속에서 깨어난다. 해가 뜨는 것을 보면서도 하느님이 계시지 않다고 주장하는 사람을 이해할 수 없다는 마틴 루터의 말처럼 나는 태양이 익힌 빵과 포도주를 마시고, 태양빛에 빨갛게 물든 사과를 먹는다.

햇볕 속을 걷고, 햇빛이 있어 더욱 빛나는 그대의 눈동자를 마주 보고, 햇볕 속에 뜨거운 그대의 손을 마주 쥘 수 있으니. 오, 태양이여, 오 나의 태양이여, 너 참 아름답다. 폭풍우 지난 후 더더욱 찬란하다. 우리의 삶이 어디서 와서 어디로 가는지 알 수는 없으나 이 지상에 머물러 있는 그때까지 나의 태양이여, 나에게 뜨거운 열정을 다오.

내 얼굴을 본 적이 있는가

지난 달 초였다. 느닷없이 이어령 선생님으로부터 전화가 걸려왔다.

내용은 뜻밖의 것이었다. 내 얼굴의 데스마스크를 떠보라는 것이다. 데스마스크라니, 데스마스크라면 죽은 사람의 얼굴에 석고를 부어 얼굴을 원형 그대로 남기는 일종의 기념 탈이 아닌가. 지금은 찾아보기 힘들지만 젊은 시절, 음악 감상실 같은 곳에 가보면 베토벤의 데스마스크가 벽에 걸려 있었다. 그것이 실제로 베토벤이 죽은 후 그의 얼굴에 석고를 부어 만든 데스마스크인지는 알 수 없지만 어둡고 음울한 베토벤의 얼굴을 보면 왠지 운명을 개척해 나가는 베토벤의 교향곡이 떠오르곤 했었다.

"선생님, 그럼 제가 죽었다는 말입니까?"

내가 어이가 없어 묻자 선생님은 껄껄 웃으면서 대답하였다.

"데스마스크가 아니라 살아 있는 사람의 마스크지. 살아 있을 때 자신의 얼굴 하나쯤 가면으로 남겨두는 것도 재밌지 않겠어. 어차피 우리의 얼굴이야 가면이니까 말이야."

날카로운 이어령 선생님의 표현대로 우리의 얼굴은 태어났을 때부터 가지고 있는 가면이다. 인간은 누구나 자신만의 가면을 쓰고 한평생을 살아간다. 철학자 칸트는 이렇게 말하지 않았던가.

"사람은 모두 문명이 진보하면 할수록 점점 더 배우가 되어간다. 말하자면 사람은 남에 대한 존경과 호의, 정숙함과 공평무사의 가면을 쓰고 있는 것이다. 그러나 아무도 그런 것에는 속아 넘어가지 않는다."

그렇다면 나는 어떤 가면을 쓰고 있는 것일까. 칸트의 표현처럼 나는 어떤 위선의 가면을 쓰고 있는 것일까.

선생님의 말씀인즉, 일본에서 활동하는 여류 화가가, 살아 있는 사람 수천 명의 얼굴을 종이 마스크로 만들어 전시하는 독특한 행위미술전을 하고 있다는 것이다. 한·일월드컵을 기념하여 오늘을 살고 있는 한국과 일본인들을 무작위로 선택하여 수천 명의 생생한 얼굴을 전시하고 있다. 개인적으로 부탁을 해놓았으니 시간을 내어 한번 찾아가 내 얼굴을 마스크로 남겨놓으라는 것이었다. 선생님의 부탁이라 어쩔 수 없이 승낙은 하였지만 마음 한

구석은 왠지 찜찜하였다.

　영국 여왕 엘리자베스 1세는 평생 독신으로 살면서 한 번도 자신의 실제 얼굴을 남에게 보여주지 않았던 것으로 유명하다. 엘리자베스 여왕은 가면을 쓰고 있었던 것이 아니라 항상 두터운 화장을 하고 있었다. 한 번도 세수를 하지 않았던 이 여왕은 날마다 화장 위에 또 다른 화장을 덧칠함으로써 죽을 무렵에는 얼굴에 바른 화장의 두께가 웬만한 탈의 두께를 능가했다던가. 엽기적인 느낌의 이야기지만 어쨌든 엘리자베스 여왕은 평생 동안 화장이라는 가면을 쓰고 있었던 셈이다.

　실제로 평생 동안 가면을 쓰고 살았던 사람도 있는데, 리플레가 쓴 〈믿거나 말거나〉라는 재미있는 책을 보면, 아시아의 보카라 재상 파리도데인은 황금으로 만든 가면을 쓰고 84년 동안이나 살았다고 전해지고 있다. 젊었을 때 입은 부상으로 추악한 얼굴로 변한 그는 이 가면을 쓰고 죽는 날까지 한 번도 벗어본 일이 없었다고 한다. 임종 때에도 이 황금 가면을 쓴 채로 묻어달라는 부탁을 하여 가면을 쓴 채로 땅속에 묻혔으며, 생전에 그가 가장 두려워했던 것은 남이 자신의 얼굴을 보는 것이 아니라 자신의 얼굴을 거울 속에서 발견하는 것이었다고 전해지고 있다.

　소설 속의 많은 주인공은 가면으로 자신의 정체를 숨기고 다닌다. 〈흑기사〉의 주인공도 그러하고, 슈퍼맨과 스파이더맨도 그러하다. 특히 〈지킬 박사와 하이드〉는 인간이 지닌 양면성을 극단적으로 드러내보인 소설이 아니었던가.

약속한 날, 나는 대학로로 나갔다. 전람회장에는 수천 명의 종이 마스크가 전시되어 있었는데, 그곳에서 화가는 나를 기다리고 있었다.

"시간은 오래 걸리지 않아요. 10분이면 됩니다."

나는 평평한 간이 침대에 누웠다.

"마음을 편히 가지세요. 불안해하실 필요는 없습니다."

화가는 내 얼굴 위에 석고를 꼼꼼히 바르기 시작하였다. 불안을 떨쳐버리라고 했지만 누워 있는 내 마음은 편치 않았다.

사람을 고문하는 방법 중에 물 묻힌 창호지를 얼굴에 겹겹이 바르는 방법이 있다던가. 아니다. 그것은 고문하는 방법이 아니다. 사람을 잔인하게 죽이는 방법인 것이다. 그처럼 얼굴에 겹겹이 석고를 바르고 그 무게가 가중되기 시작하자 나는 문득 질식할 것 같은 공포감마저 느꼈다. 코로 숨을 쉴 수 있도록 돌돌 만 종이를 양쪽 콧구멍에 집어넣었지만 두터운 석고는 건조하면서 뜨거운 열을 발산하기 시작하였다. 나는 처음에 석고를 빨리 말리기 위해서 전열기를 얼굴 가까이에 들이댄 것이 아닐까 생각했지만 그것이 아니었다. 석고가 굳어지면서 자체의 열을 발산했기 때문이었다.

고대 이집트 인들은 죽은 사람들의 영생불멸을 꿈꾸고 미라를 만들었다. 짧은 시간의 경험이었지만 나는 마치 죽음을 예행 연습하는 느낌이었다. 살아 있는 사람 그대로 미라를 만드는 간접 체험을 해본 느낌이었다. 10여 분이 지났을 때 화가는 내 얼굴에서 석고를 벗겨내며 말했다.

"자, 이것이 최 선생님의 얼굴이에요."

화가는 흰 석고 덩어리를 들고 말했다. 그러나 그것만으로는 실감이 나지 않았다. 그런 내 마음을 눈치챈 듯 화가가 말했다.

"이것은 단순한 석고 모형에 지나지 않아요. 최 선생님의 얼굴을 만들려면 이 석고에 종이를 밀착시켜 피부막을 만들어야 합니다."

시간이 없었지만 나는 기다려 내 얼굴의 종이 마스크를 직접 확인하고 싶었다.

일찍이 만공 스님은 1946년 10월 12일 입적을 앞두게 되자 시자에게 물을 떠오라고 일렀다고 한다. 시자들이 물을 떠오자 세수를 하고 단좌한 후 거울을 가져오라고 했다. 시자가 거울을 가져오자 만공은 거울에 비친 자신의 얼굴을 한참 들여다본 후 껄껄 웃었다던가. 그리고 다음과 같이 말했다던가.

"자네와 내가 이제 이별할 인연이 되었나 보구려. 그럼 잘 가게나."

만공은 평생 동안 쓰고 다녔던 자신의 얼굴, 그 가면과 이별할 때임을 알고 마지막으로 거울을 들여다보고는 작별 인사를 나눴던 것이다.

그렇다면 내 얼굴의 가면은 과연 어떻게 생겼을까. 사진이나 거울을 통해 본 평면적인 얼굴이 아닌, 석고를 부어 빚어낸 입체적인 내 얼굴. 내가 쓰고 다니는 가면의 실제 모습은 어떻게 생겼을까.

"다 됐습니다."

석고에 젖은 종이를 바르고 물기를 없애고 전열기로 말리는 세심한 작업 뒤에 화가는 완성된 종이 마스크를 내어주면서 웃으며 말하였다.

"코가 참 크기도 하시네요."

나는 그 여인이 내미는 종이 마스크를 받아들었다. 화가의 말대로 큰 코만 내 얼굴이라는 느낌이 들 뿐 평소에 느끼던 내 얼굴의 특징은 전혀 드러나지 않는 그저 한 장의 백가면일 뿐이었다.

"이것이 제 얼굴입니까?"

나는 공허한 목소리로 물었다.

"그럼요. 최 선생님의 얼굴이에요. 보세요. 코 위에 있는 점하고 장난꾸러기의 얼굴. 긴 얼굴하고요. 틀림없는 최 선생님 얼굴입니다."

그날 나는 내 얼굴을 들고 대학로를 지나, 내 얼굴을 들고 지하철을 타고 작업실로 돌아왔다. 작업실 입구 천장에 이 종이 마스크를 걸어놓았다. 드나들 때마다 나라는 얼굴로 알려진 가면 하나가 내게 이렇게 말한다.

"잘 있었나, 친구. 오랜만이네."

어차피 우리의 인생이란 가면을 쓰고 벌이는 한바탕의 꼭두각시 노름인 것이다. 우리는 모두 가면의 탈을 쓴 어릿광대인 것이다.

할아버지의 사랑법

　　　　　　손녀딸 정원이가 집에 와 있는 지 벌써 수 개월이
되어 간다.
　정원이를 보면서 느끼는 점은 아버지가 되어 아이를 키울 때와
할아버지가 되어 손녀를 키울 때의 사랑법이 다르다는 점이다.
나도 분명히 두 아이를 키운 아버지였지만 어떤 방법으로 아이를
키웠는지 까마득히 잊어버리고 있다. 지금 생각하면 닥치는 대로
키웠던 것 같다. 집사람도 정원이를 볼 때마다 그 점을 한탄한곤
한다.
　"우리가 어떻게 다혜와 도단이를 키웠는지 지금 생각하면 아슬
아슬하기만 해요."
　아내의 말은 정확하다. 다혜와 도단이 두 아이를 키웠지만 아

내의 말처럼 지금에 와서 생각하면 아슬아슬한 줄타기를 한 기분이다.

그런데 정원이를 보면 모든 게 신기하다. 그저 무엇이든 정원이가 원하는 대로 다 해주고 싶은 것이 할아버지의 마음인 것 같다. 가지고 싶은 것은 다 가지게 해주고 싶고, 떼를 써도 다 받아주고 싶다.

요즈음엔 생떼가 늘어 곧잘 미운 짓도 하지만 나는 버릇이 나빠진다하더라도 정원이가 하고 싶은 대로 다 해주고 싶다. 그래서 할아버지나 할머니가 키운 아이는 버릇이 없다던가. 때로는 아이가 떼를 쓰며 울어도 모른 체하는 것이 아이를 교육시키는 참방법인 줄 알면서도 막상 아이가 울면 나는 정원이의 입에 사탕을 물려준다. 벌써 이가 일곱 개나 썩어서 치과에 가서 마취를 하고 충치 치료를 했음에도 불구하고. 다혜가 정원이에게 사탕이나 초콜릿을 주어서는 절대 안된다고 엄령을 내렸지만 아내와 나는 정원이가 울면 입안에 초콜릿을 살짝 넣어준다. 정원이도 눈치가 빨라 지 엄마가 있을 때는 사탕을 달라는 떼를 안 쓰지만 엄마가 안 보일 때는 슬쩍 내게 사탕이 있는 냉장고를 손으로 가리켜 보인다. 그럼 나는 사탕을 몰래 꺼내 아이의 입안에 넣어주는데, 그럴 때면 아이와 나는 공범자가 되어 기분이 짜릿짜릿해진다. 이 세상에서 혼자서 아이를 키우는 것처럼 잘난 체하는 딸애에게 복수하는 느낌까지 들어 짜릿짜릿한 스릴감마저 느끼게 되는 것이다. 그러다가 다혜에게 들키면 나는 혼이 난다.

"아빠가 사탕 줬지?"

"아니."

"아니긴 뭐가 아니야. 아이의 입에서 단내가 나는 걸."

"한 알 줬다. 한 알 줬다고."

"한 알이건 두 알이건 내가 주지 말랬잖아. 씩씩……. 이빨이 다 썩으면 어떻게 할 테야, 아빠가 책임질 테야?"

"야 치사하다. 하두 그래서 사탕 하나 줬는데, 그게 뭐 대수냐."

"내가 주지 말랬잖아."

"안 주면 되잖아. 안 주면 되지."

나는 싹싹 빌지만 하루가 가질 못한다. 정원이가 와서 또 주위의 눈치를 살피며 사탕이 들어 있는 냉장고를 가리키면 나는 한 표라도 더 얻기 위해 현금 봉투를 몰래 건네주는 국회의원 입후보자들처럼 부정한 뒷거래를 사양하지 않는다. 기다렸다는 듯 사탕을 건네주는 것이다.

솔직히 말해서 나는 정원이가 지 애비나 에미보다도 할아버지인 나를 더 따르기를 은근히 바라고 있다. 사탕이나 달콤한 초콜릿은 그 미끼인 것이다. 그런데 최근에 나는 다혜에게 된통 혼이 난 적이 있다.

정원이는 아침 열 시부터 낮 한 시까지 세 시간 동안 유아원에 보내는데, 만3세 미만의 아이는 받지 않는다고 했지만, 원장이 아는 분이라 떼를 써서 정원이를 입학시킨 것이다. 처음에는 엄마와 헤어지기 싫어 앙앙 울곤 했던 정원이는 신통하게도 일주일쯤 지나니까 자기 도시락을 챙길 정도로 재미있어 하며, 익숙하게 되었다. 어느 날 다혜가 몸이 아파 내가 혼자서 정원이를 유아원에 데려다 주려고 했을 때였다. 지 에미하고 갈 때는 울지 않던 아이가 갑자기 내가 데리고 가니까 계단 아래서부터 자지러지면서 울기 시작한 것이다. "울지 마, 정원아."

내가 아무리 달래도 정원이는 앙앙, 옹옹, 앵앵 기를 쓰며 울어대는 것이었다. 나는 순간 정원이가 유아원에 가기 싫어 운다는 사실을 깨달았다. 그래서 정원이를 데리고 계단을 내려와 대신 백화점으로 놀러갔다. 이른바 땡땡이를 친 것이었다.

솔직히 고백하면 손주년과 무단 땡땡이를 치는 맛은 정말 깨소금 맛이었다. 우리 학교 때도 그런 경험이 있지 않았던가. 학교 가는 도중에 책가방을 든 채 땡땡이를 쳐서 극장도 가고, 공연히 시장거리를 배회하던 그 은밀한 쾌감 같은 것 말이다.

나는 정원이와 백화점에 가서 장난감 가게도 들르고, 옷도 사주고, 커피점에 들러 나는 커피를 마시고, 정원이는 포도주스를 마셨다. 정원이와 나는 진짜 동무 같았다.

그런데 이 무단 땡땡이가 다혜에게 발각된 것이었다. 그 일이 있은 후부터 정원이가 유아원에 가기 싫다고 그 전보다 더 심하게 울기 시작했기 때문이다.

"애가 왜 이럴까?"

다혜는 아이를 데려다줄 때마다 고개를 갸우뚱하곤 했다.

"절대로 울지 않던 아이인데. 손으로 빠이빠이까지 하던 아이인데."

그럴 때면 나는 가슴이 뜨끔뜨끔하였다.

"그러게 말이다."

나는 시치미를 떼면서 딴청을 부리곤 했다.

"허기야 아이들이 유아원 가는 게 마냥 좋을 수만은 없겠지."

"아니야."

치사하게도 콜롬보 형사 같은 눈치로 다혜가 뭔가 느낀 듯 나를 노려보면서 물었다.

"아빠가 정원이에게 무슨 딴짓을 했지?"

"무슨 딴짓을 하다니?"

"땡땡이쳤지?"

"땡. 땡. 이라니?"

나는 놀란 나머지 말까지 더듬었다.

"내가 아플 때 정원이를 유아원에 안 데려갔지?"

"그 글쎄, 글쎄 말이다."

모든 것을 눈치챈 다혜가 핏대를 올리면서 말했다.

"아이의 사회성을 높이기 위해서는 싫다고 해도 유아원에 보내야 한다구. 아이가 떼를 쓴다고 해서 다 받아주면 버릇이 나빠진

단 말야."

　잘났어, 정말. 나는 한마디 해주려다가 간신히 참았다. 딸아이의 말이 공자님 말씀이었기 때문이다. 그 일이 있은 후부터 어쩌다 혼자 정원이를 유아원에 데려다줄 때면 정원이는 백화점을 가리키며 마치 사탕을 달라는 표정으로 앙앙 울곤 한다. 나는 아니꼽지만 지 에미의 교육 방법을 따르기로 한다.

　그러나 더욱 참을 수 없는 것은 정원이, 고 망할 손주년이다. 내가 이렇게 사탕을 준다, 함께 땡땡이를 친다, 옷을 사준다, 함께 놀아준다, 갖은 아양을 떨고 애교를 부려도 외출했다 돌아온 지 에미만 나타나면 언제 그랬냐는 듯 고무신을 거꾸로 신고 나를 거들떠도 보지 않는다는 점이다. 그럴 때면 나는 창피하지만 춘향이에게 거부를 당한 변사또처럼 상처를 입고 배신감까지 느끼게 된다. 아내도 마찬가지다. 지 에미가 외출한 동안 기저귀 갈아주고, 밥해주고, 안아주고, 업어주고, 함께 짝짜꿍하고 놀아주고, 목욕시키느라 몇 달 사이 폭삭 늙어버린 아내지만 지 에미만 나타나면 할머니건 뭐건 거들떠보지 않고 에미품에 안겨버리는 정원이를 보면서 아내는 필사적으로 매달리며 애원을 한다.

　"정원아, 정원아 이리 온. 정원아."

　조금 전까지만 해도 할머니 품에 안겨서 재롱을 피우던 정원이가 지 에미 품에서 마치 사돈 쳐다보듯 냉정한 표정을 지으면 아내는 혼잣말로 중얼거리곤 한다.

"아이고, 지 에미 나타나니까, 할머닌 소 닭 보듯 하네."

그렇다. 우리나라 속담에 '손자를 귀애하면 코 묻은 밥을 먹는다' 는 말이 있지 않던가. 할아버지들이 아무리 손자를 귀여워해도 그 손자의 덕은 볼 수 없다는 뜻이 아니던가. 그러나 그렇다 하더라도 나는 정원이가 먹다버린 코 묻은 밥이라도 맛있게 얌냠 먹을 것이다. 그것이 어쩔 수 없는 할아버지의 사랑법이므로.

1971, 가평

탈북 여성 이혜리의 꿈

지난 5월 초 닷새간 일본에 다녀왔다.

사무적인 용무가 있어서가 아니라 도단이가 마침 회사에서 휴가를 받게 되어 아내와 함께 모처럼 가족 여행을 다녀온 것이다.

같이 여행을 떠난 사람은 아오키青木 군. 20여 년 전부터 알고 지내며 친동생과 같은 아오키 군이 직접 차를 몰고 니코日光와 모리오카盛岡를 다녀오는 비교적 먼 여정이었다. 아오키 군은 한국말에 능통하고 특히 한국 영화 전문가이다. 개인적으로는 나의 책 〈상도商道〉를 일본어로 출판한 번역가이기도 하고, 다큐멘터리 '해신海神'의 일본 담당 코디네이터였던 문화인이다. 그보다도 나와 대화가 잘 통하여 이야기를 나누면 일본인임에도 불구하고 어느 것 하나 의견의 일치를 보지 않을 때가 거의 없다.

닷새 동안 여행을 마치고 아내와 도단이와 잠시 헤어져 둘이서 커피를 마시면서 쉬는 중이었다. 그가 평소와는 달리 우울해 보였으므로 그 이유를 물었다. 아오키 군이 솔직하게 고백한 내용은 충격적이었다. 아오키 군은 한 달 전쯤 한국에 여행을 온 적이 있었다. 그때 짧은 시간이었지만 함께 차를 마셨는데, 그의 우울증은 바로 그 한국 여행 때문이라는 것이다.

아오키 군이 내게 고백한 최근의 우울한 기억은 다음과 같은 내용이었다.

한 달 전 아오키를 잘 아는 사진 작가 후배로부터 자기 일을 도와주지 않겠느냐는 전화가 왔다. 통화의 내용인즉 어떤 한국 여인을 사진 촬영하는데, 한국 사정을 잘 아는 아오키 군이 섭외를 비롯한 모든 일정을 코디네이션해 주었으면 한다는 부탁이었다. 별로 어렵지 않은 일이라서 승낙을 하였고, 몇몇의 스태프와 한국을 여행하게 되었는데, 막상 한국에 도착하고 보니 예기치 못한 상황에 맞닥뜨리게 되었다는 것이다. 다름 아니라 일본의 유수한 출판사 중의 하나인 G에서는 P라는 선정적인 주간지를 발행하고, 그 주간지에서 특집으로 한국 여성의 누드를 촬영하는데, 바로 아오키 군에게 그 섭외를 맡아달라고 했다는 것이다.

나도 평소에 그 주간지를 잘 알고 있었다. 외설적인 내용이 대부분인 일본 주간지들은 특히 컬러판 화보의 여성 누드 사진을 전재하는 것으로 유명한데, 여성의 체모까지 그대로 나오는 사진이 실려 있는 것이 보통이다.

아오키 군이 섭외를 받은 대상은 매우 특별한 여인이었다고 한다. 직업적인 모델이나 연예인이 아니라 다름 아닌 탈북 여성. 북한을 탈출한 지 3년밖에 안되는 이혜리李惠利라는 여인으로 자신이 그 여인의 화보를 찍기 위해 한국으로 출장을 나왔다는 사실을 깨달았을 때 아오키는 눈앞이 캄캄했다는 것이다.

그 누드 화보의 제목은 '기쁨조의 여인'. 북한의 김정일을 위하여 춤을 추고, 성을 상납하는 이른바 '기쁨조'의 여인을 특집으로 다룬 내용인데, 일본의 모델과는 달리 완전 누드가 아니고 수영복을 입는 조건으로 촬영을 시작하였지만 그 탈북 여성의 모습을 본 순간 아오키 군은 가슴이 철렁하였다고 한다. 때가 전혀 묻지 않은 그 여인은 촬영을 위해 미리 잡아놓은 호텔의 스위트룸을 단호히 거절하였다. 수영복을 입는 조건으로 촬영을 시작하였지만 낯선 사람들 앞에서 포즈를 취한다는 사실조차 정조를 유린당하듯 여인의 몸은 나무토막처럼 딱딱해졌으며, 표정은 가면을 쓴 듯 공포에 질려 있었다는 것이다.

남성을 유혹하는 듯한 뇌쇄적인 표정을 요구하는 사진 작가의 주문조차 이해하지 못하는 이 여인의 꿈은 연예인이 되는 것. 이 여인의 마음을 유혹하는 방법은 오직 '남한에서 연예인으로 출세하기 위해서는 아름다운 몸매를 보여주고 노출시킬 수밖에 없다'는 설득뿐이었다는 것이다.

평소 장동건을 좋아한다는 이 여인이, 남한에서 연예인이 되려면 수영복을 입은 몸매를 보여줄 수밖에 없으며, 하늘하늘한 속옷을 입은 모습을 보여줘서 남의 눈에 띄지 않으면 안된다는 주위 사람들의 성화에 하나씩 하나씩 옷을 벗기 시작했다고 한다. 그 모습을 보면서 아오키 군은 마치 그 여인을 집단 성폭행하는 듯한 죄의식을 느꼈다는 것이다.

남한에서 성공하기 위해서 탈북 여성 이혜리는 옷을 벗는다. 북한에서 김정일에게 인정 받으려면 기쁨조의 여인이 되어 웃음을 팔고, 춤을 춰야 하지만 남한에서 연예인으로 출세하려면 불특정 다수의 눈을 사로잡는 또다른 기쁨조가 되지 않으면 안된다. 그리하여 마침내 변태적인 일본인의 호기심마저 만족시키지 않으면 안된다. 나이 어린 여고생까지 완전 누드로 꾸미는 주간지에 이 여인은 '기쁨조의 탈북 여성'이라는 또 하나의 변태적 호기심으로 등장하지 않으면 안되는 것이다.

"그 특집호 주간지는 날개돋친 듯 팔렸다고 합니다."

아오키 군은 씁쓸한 입맛을 다시며 말했다.

"이제 다른 주간지에서 내게 또다른 부탁이 들어올지도 모릅니다. 이번에는 그 탈북 여성에게 수영복까지 벗기고 완전 누드의 화보를 찍는 조건으로 도와달라고 말입니다."

오래전 본 명화 중에 '25시'라는 영화가 기억난다. 게오르규의 작품을 영화화한 이 작품 속에서 주인공 앤서니 퀸이 비참한 전쟁에서 간신히 살아남아 아내마저 강간당하는 비극 속에서 '웃으세요' 하고 요구하는 사진작가 앞에서 바보처럼 웃는 마지막 장면이 압권인데, 나는 아오키 군의 말을 들으면서 문득 카메라를 향해 바보처럼 웃던 앤서니 퀸의 비극을 떠올렸다.

탈북 여성 이혜리. 자유를 찾아 목숨을 걸고 남하한 이혜리. 연예인을 꿈꿀 만큼 예쁘고 아름다운 이 여인을 향해 자본주의의 우리가 요구하는 것은 오직 성의 상품화인 것이다. 인간으로서의 존엄성과 고귀한 영혼은 아랑곳없고, 성적 상상으로서의 엿보기 대상일 뿐인 것이다.

한국으로 돌아오는 공항에서 나는 아오키 군이 말한 주간지를 한 권 샀다. 장장 60쪽에 이르는 여인들의 완전 누드 화보가 담긴 뒷부분에 이혜리의 화보 일곱 장이 눈에 띄었다. 북한의 예술대학에서 전통무용을 전공하였던 이 여인은 전형적인 조선의 얼굴이었다. 울밑에 선 봉선화처럼 아름다운 그 여인의 모습을 한참 동안 들여다보며 나는 우리나라의 어느 눈 밝은 프로듀서가 그녀를 발견하여 당당하고 명랑한 신세대 연예인으로 키워주기를 간절히 소망하였다.

철학자 파스칼은 〈팡세〉에서 다음과 같은 유명한 말을 남기고 있다.

"인간은 자연 속에서 가장 가냘픈 한 줄기의 갈대에 지나지 않는다. 그러나 인간은 생각하는 갈대이다. 이것을 짓밟아버리는

데 우주 전체는 아무런 무장도 필요없다. 바람이 한번 불기만 해도 인간을 죽일 수 있고, 물방울 하나 가지고도 죽이기에 충분하다. 그러나 우주가 인간을 죽일 때에도 죽이는 바람과 물방울보다는 인간은 훨씬 더 고귀한 존재인 것이다."

 마찬가지로 이혜리라는 여인도 가냘픈 갈대에 지나지 않지만 그녀는 순결한 영혼을 가진 생각하는 갈대이며, 고귀한 인간인 것이다. 자본주의의 바람과 물질문명의 물방울이 그녀를 죽일 수 있겠지만 우리는 지금 이 순간보다 깊이 생각하여야 한다. 왜냐하면 파스칼은 이렇게 우리에게 충고하고 있으므로.

 "…… 우리는 잘 생각하여야 한다. 왜냐하면 그곳에 도덕의 근원이 깊이 뿌리박고 있으므로."

1964, 충북 제천

자신의 일부를 주어라

 선물과 관련된 일화 중에 다음과 같은 것이 있다.
 영국의 시인 바이런은 생전에 많은 여인과 사랑을 나눈 로맨티스트였다. 그는 이탈리아를 여행하던 중 베니스에서 잠시 머물던 집주인의 부인과도 연애를 하고 있었다. 하루는 그 여인에게 아름다운 보석 목걸이를 선사하였다. 며칠 후 그 부인의 남편이 바이런에게 보석을 사라고 했다. 그것은 바이런이 부인에게 선물했던 바로 그 보석 목걸이였다. 바이런은 값을 깎지 않고 그 목걸이를 사서 다시 그 부인에게 선물했다고 한다.
 이 에피소드를 보면 알 수 있듯이 바이런이 그 부인에게 준 선물은 환심을 사기 위한 일종의 미끼이며, 받아들인 부인 역시 바이런이 준 목걸이를 하나의 값비싼 상품으로밖에 생각지 않았던 것이다. 두 사람 사이에 오간 보석 목걸이는 마음에서 우러나온 선물이 아니라 하나의 거래에 지나지 않은 것이다.

오래 전에 내게 영세를 주셨던 신부님이 어느 날 집으로 플라스틱 물통을 들고 온 적이 있다. 무슨 물이냐고 했더니 자신이 묵고 있던 수도원의 물맛이 너무 좋아서 내게 줄 겸 한 통 들고 왔다는 것이었다. 냉장고에 넣어 두고 며칠동안 마시면서 나는 혼잣말로 중얼거리곤 했었다.

"아, 그렇구나. 물도 훌륭한 선물일 수가 있구나."

물론 선물이란 아무리 사소한 것일지라도 마음에서 우러난 것이면 그 진가는 큰 것이며, 아무리 값비싼 것이라도 대가를 위한 미끼일 경우에는 그 진가는 작을 것임을 나는 모르지 않는다. 그러나 그렇다고 하더라도 마음이 실리지 않은 사소한 물건은 받는 사람을 불쾌하게 한다. '선물이 중요한가, 마음이 중요하지' 하고 말하는 사람들을 종종 보는데, 나는 그 말에 동의하지 않는다. 상대방에 대한 배려나 성의가 없으면 선물하고 싶은 마음마저 생기지 않기 때문이다. 그래서 프랑스의 3대 고전 희곡 작가인 코르네유는 '선물하는 물건보다 선물하는 방법이 중요하다'고 말하고 있는 것이다.

나는 가끔 내가 받은 선물 중에 기억할 만한 물건이 있는지 생각해보곤 한다. 나는 때마다 분에 넘치는 선물을 받곤 한다. 해마다 명절이면 지인들로부터 선물을 받고 지금 쓰고 있는 이 만년

필도 어느 광고 회사에 강연을 나갔다가 받은 선물이다. 그러나 대부분의 선물은 기억조차 나지 않고 곧 잊혀지곤 한다. 심지어 어떤 선물들은 받는 즉시 버려지거나 못쓰는 물건 신세가 되고 만다.

이유는 간단하다. 그 선물들이 값싼 물건이어서가 아니라 내게 있으나마나한 물건이기 때문이다. 말하자면 남을 주기에 아까운 물건이 아니라 내게 있어도 그만, 없어도 그만인 물건들을 선물로 받았기 때문인 것이다.

나는 그 이유를 잘 알고 있다. 그것은 내가 남에게 그런 식으로 선물을 보냈기 때문이다. 나는 평소에 게으른 성격이라서 남에게 많은 선물을 해본 적이 없다. 선물할 물건을 고르고, 그것을 보내는 과정을 귀찮아하기 때문이다. 그것은 자랑이 되지 못한다. 그것은 남을 생각하는 사랑의 마음이 결핍된 때문이다.

나 역시 내가 정말 아끼고 간직하고 싶은 물건을 선물한 적이 없다. 내게 있어도 좋고, 없어도 그만인 물건을 선물하고 있는 것이다. 내가 그러한 물건들을 남에게 보내고 있으니 나 역시 그러한 선물들을 받고 있는 것이다.

몇 달 전 법정 스님이 TV의 한 프로그램에 나와서 다음과 같은 내용의 말을 하는 것을 인상 깊게 본 적이 있다. '남에게 물건을 주려면 반드시 살아 있을 때 주라'는 것이었다. 왜냐하면 사람이 죽으면 그 사람이 가졌던 물건도 함께 죽기 때문이라는 것이다.

법정 스님의 말은 내게 많은 생각을 불러일으켰다. 실제로 사람이 죽으면 그가 소유했던 물건도 함께 죽는다. 죽은 사람이 입었던 옷을 기꺼이 입는 사람은 없지 않은가. 옷과 같은 무생물이라 할지라도 사람과 더불어 함께 생명력을 잃어버리기 때문이다. 법정 스님의 말은 내게 '살아 있을 때 물건을 나누어주라'고 느껴지지 않고, 남에게 '살아 있는 물건'을 나누어주라는 느낌으로 받아들여졌다.

과연 나는 남에게 죽어 있는 물건이 아니라 살아 있는 물건을 나눠주고 선물한 적이 있는가. 나는 대부분 내게 있어도 좋고 없어도 그만인 죽은 물건만을 선물하고 있지 않은가. 쓸모없는 물건을 남에게 주는 것보다 차라리 현금을 선물하는 편이 낫다고 생각하여 마치 결혼식장에 축의금을 내듯 흰 봉투를 내밀지 않았던가.

에머슨은 선물에 대해 말하였다.

"반지나 보석은 선물이 아니다. 그것은 성의가 없는 핑계에 지나지 않는다. 유일한 선물은 너 자신의 일부분이다. 그래서 시인은 자신의 시를 바치고, 양치기는 어린 양을, 농부는 곡식을, 광부는 보석을, 사공은 산호와 조가비를, 화가는 자신의 그림을, 그리고 처녀는 자기가 바느질한 손수건을 선물한다."

에머슨의 말처럼 값비싼 보석보다 자신이 애써 가꾸어 수확한 한 줌의 곡식을 선물하는 농부의 마음이 더 값진 선물일 것이다.

이따금 나는 아내의 마음에 감탄하곤 한다.

아내는 남에게 선물을 할 때 혼신의 힘과 온갖 노력을 기울인다. 그리고 자신이 갖고 싶어 남에게 절대 주고 싶지 않은 물건들을 골라 남에게 선물한다. 그렇다고 무엇을 바라거나 어떤 대가를 기대하지 않는다.

평소 사회 활동을 하지 않고 만나는 사람도 없어 거의 집에서 은둔 생활을 하고 있는 전업주부인데도 아내는 자신이 만나는 사람 대부분에게 선물을 하고 있다. 놀라운 것은 아내가 주는 선물들은 죽어 있는 물건이 아니라 살아 있는 물건이라는 것이다. 따라서 아내는 남으로부터 많은 선물을 받고 있는데, 그 선물 역시 죽어 있는 물건이 아니라 살아 있는 물건이다.

한의사의 부인인 아내의 친구는 환절기면 한약을 달여오고, 돌아가신 화가는 생전에 아내를 위해 자신이 그린 그림과 편지를 보내왔다. 아내는 지금도 가끔 그 편지를 꺼내 읽고 혼자서 눈물을 흘린다. 그 편지를 내가 본 적이 있는데 꽃이 예쁘게 그려진 그 편지에서는 마치 동성연애를 하는 것처럼 서로를 그리워하는 마음이 짙게 배어 나온다.

명색이 작가인 나이지만 남에게 그런 편지를 써본 일도 없고, 그런 편지를 받아본 적 없으니, 그 이유야 간단하지 않은가. 내가 그만큼 마음을 다해 남에게 선물을 해본 적이 없으며, 내가 그런 선물을 해본 적이 없다는 것은 그만큼 내가 남을 사랑하지 않았다는 산 증거가 아닌가.

그렇다. 선물은 하나의 물건이 아니다. 선물의 교환은 물물교환이 아니다. 그것은 사랑의 교환인 것이다. 사랑의 교환에 무슨 값비싼 선물이 필요한 것일까. 에머슨의 말처럼 농부에게는 곡식이, 처녀에게는 자신이 바느질한 손수건이 최고의 선물이 아닐 것인가.

며칠 전 박완서 선생님을 만난 적이 있다. 경우 바르고, 깍쟁이 같은 박 선생님이 대뜸 내 아내를 한번 만나고 싶다고 했다.

"왜요?"

의아해서 내가 묻자 박 선생님은 말하였다. "그쪽 아내가 마음이 착하다고 해서 말이야. 이두식 씨 부인(아내의 친구였는데 1년 전쯤 돌아가셨다.)이 생전에 그렇게 그쪽 아내를 칭찬했거든. 그래서 한번 보고 싶어서 말이야."

거기까지는 좋았는데 박 선생님은 내게 다음과 같이 말하였다.

"당신 같은 잡놈이 그런 아내와 사는 것을 행복으로 알라고. 그나마 당신이 사람 구실하는 것은 모두 아내 덕분인 줄 알라고."

겸연쩍어서 내가 한마디했다.

"아이고 선생님. 그런 아내를 거느리고 사는 저도 그만하면 훌륭하지 않습니까."

한마디했다가 나는 된통 혼이 났다.

"못생긴 남자는 저래요."

박 선생님은 웃으면서 말하였다.

"우리 여자는 말이야, 누가 자기 남편 칭찬하면 그것을 자기의 기쁨으로 받아들이는데, 못생긴 남자는 그걸 용납하지 못해서 꼭 자기 자랑으로 알거든. 에이 못난이, 못난 사람."

그래요, 박 선생님. 나는 못난 사람입니다. 아내를 자랑하는 팔푼이 중 팔푼이입니다.

마님, 미니 스커트 입은
춘향이가 되시어요

　　　　　　나는 최근에 아내가 바지를 입은 모습을 본 적이 없다. 정확히 기억되지는 않지만 지난 15년 동안 아내는 치마만 입고 다닌다. 치마도 보통 치마가 아니라 치렁치렁해서 땅바닥에 끌릴 정도의 긴 치마만 입고 다닌다. 그래서 마치 수녀들이 입고 다니는 검은 수도복 같은 느낌을 준다. 그뿐인가. 어깨가 드러나 보이는 약간의 노출이 있는 블라우스 역시 입지 않는다. 대부분 목까지 겹겹이 감싼 옷을 입는 아내는 명화 속에 나오는 귀족부인들의 정장 같은 옷을 즐겨 입는다. 어떻게 보면 전투에 나가는 중세 기사들이 입고 다니는 갑옷처럼 보일 때도 있다.

　　나는 그런 아내의 모습이 한번도 답답하다고 느껴본 적이 없다. 화장이나 옷 스타일은 개인의 취향이라서 굳이 유행에 따라

변할 필요는 없다고 생각하기 때문이다. 아내나 나나 이미 시대의 유행에서는 벗어나 있는 나이가 아닌가. 오히려 나는 아내의 그런 고전적인 취향의 스타일을 좋아하는 편이다. 가끔 외국에 나갈 때면 아내의 옷을 사다줄 때가 있다. 그럴 때면 나 역시 아내의 취향대로 목을 감싸는 상의나 치렁치렁한 플레어 스커트를 일부러 골라주곤 했다. 그래서인지 지난 십수 년 동안 이런 스타일은 아내의 이미지로 고정되었다.

아내의 이런 옷차림이 보는 사람에 따라서는 몹시 고지식하게 보이고 답답한 모양이다. 둘째 누이가 10년 동안 한국에서 산 적이 있는데, 누이는 이따금 아내에게 한마디 하곤 했다.

"자네 덥지도 않은가?"

누이는 한여름에도 목을 감싸고 땅바닥에 끌리는 치마를 입은 아내를 보다 못해 핀잔을 주었다.

"한여름에도 목을 잔뜩 감싸고 있으니 말이야."

"덥지 않아요, 형님."

아내는 항상 웃으며 대답하였다.

"팔도 좀 내놓고, 짧은 치마도 좀 입어보라고. 그래야 바람이 잘 통할 것 아니겠느냔 말이야. 영 답답해 보여서."

그건 누이가 모르는 말씀이다. 처녀 시절 아내는 미니 스커트만 입고 다녔다. 젊은 연인이었던 내가 보기에도 아슬아슬한 미니 스커트여서 육교를 오르내릴 때마다 아내는 핸드백으로 엉덩이를 가리고 다닐 정도였다. 솔직히 말해서 다리도 날씬한 편이고, 키는 작았지만 균형잡힌 몸매였다.

종종 아내는 용산에 있는 보세상점 거리에 가곤 한다. 아내는 그 가게들의 단골손님으로 가게 주인들을 대부분 잘 알고 있다. 어쩌다 옷을 갈아입을 때면 아내의 숨겨진 맨다리를 보고 한마디씩 하곤 한다.

"아니 사모님, 다리가 그처럼 예쁜데 왜 그렇게 꽁꽁 감추고 다니시죠? 난 무슨 흉터가 있는 줄 알았어요."

가게 주인들이나 누이는 아내의 그런 옷차림이 자신의 약점을 감추기 위한 위장술로 착각하고 있었던 모양이다. 미국에 사는 내 동생도 예외는 아니다. 동생 녀석은 아내를 만날 때마다 농담을 하곤 한다.

"형수님, 부탁이 있어요."

"뭔데요?"

"제발 다리 좀 봅시다. 그리고 제발 목 좀 봅시다."

그럴 때면 내가 한마디 한다.

"야 임마, 니가 왜 내 마누라 다리를 보고 싶어해."

"다리에 무슨 비밀이 숨어 있을 것 같아서 말이야. 목에 무슨 드라큘라의 이빨자국이 있을 것 같아서 말이야."

동생의 말은 재미있다. 자기는 한 번도 자기 아내인 제수씨의 이마를 본 적이 없다는 것이다. 항상 앞머리로 이마를 가리고 있어 도대체 이마에 무슨 비밀이 숨어 있나 궁금했는데 결혼한 지 25년 만에 살짝 아내가 잠들어 있는 사이에 이마를 들춰보았다고 한다. 그런데 약간 이마가 좁은 것만 빼놓으면 아무런 흉도 없다는 사실을 최근에야 발견했다는 것이다. 마찬가지로 동생 녀석은 아내의 종아리에 무슨 반점이 있거나 아니면 목덜미 어딘가에 흉이 있는 것으로 생각된다는 것이다. 그러나 그것은 사실이 아니다.

아내의 몸을 내가 왜 모르겠는가. 아내는 약점을 가리기 위해서 그런 옷을 입고 다니는 것이 아니라 어쩌다보니 그런 스타일로 정착된 것뿐이다. 최근에 나는 아내와 더불어 5천 킬로미터의 여행을 했다. LA를 출발하여 그랜드캐넌을 거쳐 자이언캐넌, 브라이스캐넌 그리고 옐로스톤 국립공원까지 다녀오는 대장정이었다. 이러한 여행을 떠나면서도 아내는 여전히 치렁치렁한 긴 치마의 수도복 차림이었다. 보다 못해 동생과 제수씨가 나서서 말했다.

"형수님, 그런 옷차림으론 정말 무리입니다. 이것은 외출이 아니라 머나먼 여행이에요."

어쩔 수 없이 아내는 제수씨와 더불어 나가 바지를 한 벌 샀다. 바지를 사고 온 날 제수씨가 말했다.

"여보 여보, 마침내 형님 다리를 봤어."

제수씨는 신이 났다.

"발에 무슨 흉터가 있더냐, 아니면 안짱다리더냐?"

"천만에, 아직도 싱싱하고 날씬한 예쁜 다리더라고."

여행을 떠난 지 3일 만에 그랜드캐년에 갈 때야 아내는 바지로 갈아입었다. 나는 모른 체하고 아내의 바지 입은 뒷모습을 슬금슬금 훔쳐보았다. 아직도 예쁜 다리였다. 엉덩이도 올라붙어 제법 섹시한 느낌이었다.

"우아아아!"

동생 녀석이 인디언처럼 소리를 지르며 말하였다.

"우리 형수님이 드디어 바지를 입으셨네. 우아아, 대한 독립 만세!"

동생의 익살대로 아내가 마침내 십수 년의 전통을 깨고 파계한 수녀처럼 수도복을 벗어던진 것이다. 바지를 입은 아내는 걸음걸이도 달라지고 행동이 빨라져 활동적인 모습으로 변했다. 옷에 따라서 사람의 행동이 변하는 것은 당연한 일일 것이다. 넥타이를 매고, 신사복을 입던 회사원들도 휴일을 맞아 캐주얼한 복장을 하면 해방감을 느낀다고 하지 않던가.

나는 비록 입을 열어 말을 하진 않았지만 이제부터는 아내가 가끔 바지를 입었으면 한다. 바지를 입고 내가 청계산에 갈 때마다 따라 나서서 함께 등산을 하였으면 한다. 무더워지는 한여름에는 반바지도 입었으면 한다. 아내의 말대로 이제 조금 있으면 할망구가 되어서 입고 싶은 반바지도 입지 못할 나이가 될 것이 아닌가.

그러니 마님. 이제는 바지도 입고, 짧은 치마도 입으십시오. 어깨가 드러나는 민소매의 원피스도 입으시고 가끔 선글라스도 쓰십시오, 마님.

당나라의 시인 이상은李商隱은 다음과 같은 시를 썼습니다.

"여덟 살 때 거울을 몰래 들여다보고

눈썹을 길게 그렸지요

열 살 때 나물 캐러 다니는 것이 좋았어요

연꽃 수놓은 치마를 입고

열두 살 때 거문고를 배웠어요

은갑銀甲을 손에서 빼지 않았어요

열네 살 때 곧잘 부모 뒤에 숨었어요

남자들이 왜 그런지 부끄러워서요

열다섯 살 때 봄이 까닭없이 슬펐어요

그래서 그네 줄 잡은 채 얼굴 돌려 울었지요."

마님. 이제라도 늦지 않았으니, 이상은의 시처럼 연꽃 수놓은 치마를 입고 훨훨훨훨 춘향이처럼 그네를 타십시오.

바람과 먼지와 풀처럼

내가 좋아하는 시 중에 '어느 날 고궁을 나오면서'란 시가 있다. 시인 김수영 씨가 쓴 작품으로 그 시의 첫 두 연은 다음과 같다.

"왜 나는 조그만 일에만 분개하는가 / 저 왕궁 대신에 왕궁의 음탕 대신에 / 50원짜리 갈비가 기름 덩어리만 나왔다고 분개하고 / 옹졸하게 분개하고 설렁탕집 돼지 같은 주인년한테 욕을 하고 / 옹졸하게 욕을 하고

한번 정정 당당하게 / 붙잡혀간 소설가를 위해서 / 언론의 자유를 요구하고 월남 파병에 반대하는 / 자유를 이행하지 못하고 / 20원을 받으러 세 번째 네 번째 / 찾아오는 야경꾼들만 증오하고 있는가……"

김수영의 이 시는 5,60년대의 암울했던 우리의 현실 속에서 정면으로 사회의 부조리에는 감히 저항하지 못하면서 어느 날 고궁에 갔다가 나오며 우리의 역사와 암울한 현실을 마주보고 속물 중의 속물인 자신에 대한 소시민적인 본질을 적나라하게 폭로하고 비판하는 작품이다.

이 시를 읽으면 나는 언제나 가슴을 흔드는 공감을 느끼곤 한다. 나 역시 김수영의 시처럼 절대 권력을 가진 권력자에게는 감히 저항하지 못하고 50원짜리 갈비탕에 기름덩어리만 나왔다고 분개하는 속물 중의 하나임을 절실히 느끼고 있다. 이러한 자책감을 김수영은 이렇게 끝맺음하고 있다.

"……그러니까 이렇게 옹졸하게 반항한다 / 이발쟁이에게 / 땅주인에게는 못하고 이발쟁이에게 / 구청 직원에게는 못하고 동회 직원에게도 못하고 / 야경꾼에게 20원 때문에 10원 때문에 1원 때문에 / 우습지 않으냐 1원 때문에 / 모래야 나는 얼만큼 적으냐 / 바람아 먼지야 풀아 나는 얼만큼 적으냐 / 정말 얼만큼 적으냐."

나도 걸핏하면 갈비탕에 기름 덩어리가 나왔다고 설렁탕집 주인에게 소리를 지르며 핏대를 올리던 속물 중의 하나였다. 야경비를 받으러 오는 야경꾼에게 1원 때문에 핏대를 올리고 교통위반 때문에 딱지를 끊으려던 교통순경에게 고함을 지르는 속물이었다.

이 모든 것은 용기가 있어서가 아니라 만만한 사람들에 대한 일종의 화풀이에 지나지 않았다. 내 행동은 구청 직원에게는 못하면서 심지어는 동회 직원에게는 못하면서 가장 만만한 야경꾼을 향해 덤벼드는 소아병적 행동에 지나지 않았던 것이다.

운전을 하다가도 추월을 하는 사람과 싸우기 일쑤였으며 표를 사기 위해서 줄을 섰다가 새치기하는 사람과도 싸우는 것이 보통이었다. 그렇게 부당함을 곧잘 따지면서도 왕궁은커녕 근위병의 부당함에 대해서는 비겁하고 옹졸하게 침묵하였다.

지금 돌이켜보면 젊은 날의 이런 다혈질적인 행동은 내 딴에는 그들에게 부당함을 따지기 위함이었다. 나는 사람들이 마땅히 자신들의 직무에 충실하고 친절해야만 한다는 강박관념을 가지고 있었다. 나는 사람들의 불친절을 지적함으로써 그들의 행동을 반성케 하고 그렇게 함으로써 건강한 사회를 만드는 데 일조를 해야 한다는 사명감까지 갖고 있었다. 나는 사회의 부조리를 따지고 지적하는 암행어사이며, 보안관이라는 착각에 빠져 있었던 것이다.

이러한 습관은 요즘 많이 사라졌다. 나이가 들어서인지 모르지만 타인과 다투는 것이 꼴불견으로 느껴졌기 때문이다. 어쩌다 길거리에서 운전 시비로 싸우는 모습을 우연히 마주칠 때가 있는데, 그럴 때면 나도 젊어 한때 길거리에서 저런 모습을 연출했었구나 하는 부끄러움으로 도망치듯 현장을 벗어나곤 한다. 그보다도 나의 이런 지적이 사람들을 변화시킬 수 없음을 분명하게 깨달았기 때문이다.

이를테면 불친절한 점원은 내가 아무리 불친절을 따지고 항의한다고 해도 바뀌어지지 않는 것이다. 갈비탕에 기름덩이를 넣는 설렁탕집의 주인은 아무리 내가 항의한다고 하더라도 여전히 갈비탕에 기름덩어리를 넣을 것이다.

요즘 나는 신문에 시론 같은 것을 쓰지 않을 것을 스스로 맹세하고 있는데 그것은 아무리 시론으로 사회를 꼬집고 정의를 부르짖어도 망망대해에 돌팔매 하나를 던진 것에 지나지 않는다는 사실을 절실하게 깨달았기 때문이다.

차라리 남의 불친절을 탓하기 전에 나 스스로 남에게 친절한 사람이 되도록 노력하는 편이 훨씬 올바른 정도이며, 사회의 부조리를 꼬집기보다는 나 스스로 거짓말을 하지 않고 부정을 행하지 않는 편이 훨씬 현명한 방법임을 느꼈기 때문이다.

최근에 와서 나는 아내로부터 한 가지 교훈을 얻은 바 있다. 아내는 남에게 만만하게 보이는 인상 때문인지 이따금 물건을 사러 가거나 음식을 시킬 때 점원에게 유난히 불친절한 대접을 받는다. 그럴 때면 나는 아내에게 묻곤 한다.

"화가 안 나?"

"화가 안 날 수 있어요? 나도 사람인데."

"그럼 어떻게 해?"

"참아요. 참는 게 제일 좋은 방법이에요."

그러면서 아내는 내게 이렇게 말한다.

"사람들의 불친절을 고치는 방법을 가르쳐 줄까요?"

"그게 뭔데?"

"간단해요. 그건 내가 더 친절하게 그 사람을 대하는 것이에요."

아내의 말은 사실이다. 그 이후부터 나는 아내의 행동을 유심히 지켜보곤 하는데 물건을 사러갔을 때 점원이 불친절하면 아내가 더욱 친절해지는 모습을 실제로 보게 된 것이다. 아내는 무례하고 거만한 상대방 앞에서 절대로 불쾌한 내색을 하지 않는다. 아내는 그런 사람과 상대를 할 때에는 놀랍게도 더욱 친절해지고, 공손해지며, 더더욱 상냥해진다.

옆에서 지켜보는 내가 울화통이 치밀 정도로 아내는 천천히 말을 하며 상대방의 말을 끝까지 듣고 낮은 소리로 공손하게 대하는 것이다. 상대방이 아내를 더욱 얕잡아보고 기세를 올려 거만하게 행동을 하는데, 그럼에도 불구하고 아내는 믿을 수 없을 정도로 웃음 띤 얼굴로 상냥하게 상대방의 눈을 계속 바라보며 친절하게 말을 한다. 그러면 정말 기적이 일어난다. 어느 순간 불친절한 점원의 태도가 공손해지면서 얼굴에 미소가 떠오르는 것이다.

아내는 내게 충고하곤 한다.

"나는요, 불친절한 사람과 상대할 때에는 더욱 친절해져요. 그러면 어느 틈엔가 상대방도 변화되어 친절하게 된다고요."

나는 아직 아내의 충고대로 불친절한 사람을 만날 때 더욱더 친절해지는 방법을 사용해본 적이 없다. 그것은 내가 수양이 덜 되어 인내심이 부족하기 때문일 것이다. 그러나 아내의 행동을 통해서 실제로 변화되어가는 사람들의 모습을 확인하였으니 아내의 방법이야말로 사람과 사람 사이에 평화의 강이 흐르는 유일한 수단임을 나는 뒤늦게 깨달았다.

페르시아의 시인이자 신비주의자였던 '사디'는 30년 동안 탁발승으로서 널리 이슬람권에 방랑 여행을 계속하면서 온갖 고난을 이겨낸 후 고향으로 돌아와 말하였다. "사악邪惡에 대해서는 친절로써 하라. 날카로운 칼도 부드러운 결을 펠 수는 없을 것이다. 친절한 마음씨와 부드럽고 착한 행위로 대한다면 한 올의 머리털로써도 코끼리를 이끌어 갈 수 있으리라."

아내의 말은 진리의 구경究竟이다. 나는 이제 조그만 일에 분개하는 사람이기보다 조그만 일에도 나 스스로 친절하고 겸손하고 더욱 더 작아져 모래처럼 적은 사람이 되고 싶다. 바람과 먼지와 풀처럼 정말 얼만큼 적은 사람이 되고 싶다.

모든 것이 사라진다 해도

　나는 사진 찍는 것을 별로 좋아하지 않는다. 그것은 어릴 때의 기억 때문일 것이다.
　그때만해도 사진기는 아주 드문 고가품이었으며, 따라서 사진을 찍는 일도 별로 없었다. 어쩌다 사진을 찍을 때면 나는 웬일인지 다른 사람보다 심하게 햇빛을 참지 못하는 편이었다. 촬영하는 사람이 셔터를 누를 때까지 나는 눈속을 파고드는 햇빛을 견디지 못하고 항상 눈을 찡그리곤 했었다. 인화한 사진을 보면 대부분 불만이 가득한 사람처럼 인상을 쓰고 있었다.
　사람들은 그런 나를 불만에 가득찬 버르장머리없는 불손한 젊은이처럼 생각하고 있었으며, 첫인상이 좋다는 평가를 받아본 적이 없을 정도다. 고등학교 때 내 별명이 '인상파'였던 것을 보면

어지간히 인상을 쓰고 다녔던 모양이다.

결혼식을 할 때도 이장호 영화 감독이 사진을 찍어주었는데, 몇 장 안 남아 있는 기념 사진 속에 아내는 행복해 죽겠다는 신부의 미소를 결사적으로 띠고 있지만, 신랑인 나는 북한에서 도망쳐 나온 귀순 용사처럼 가르마 탄 얼굴에 웃지 않는 대통령 박정희처럼 인상을 쓰고 있었다. 이런 이유 때문인지 나는 가능하면 사진을 찍지 않으려 했었다. 사진을 찍을 기회만 오면 요리조리 핑계를 대고 도망치곤 했다.

내가 사진을 찍으며 처음으로 웃은 것은 책〈별들의 고향〉을 낼 무렵, 표지에 실릴 사진을 찍을 때였다. 나는 그 순간을 선명하게 기억하고 있다. 유명한 사진 작가가 찍었던 것으로 기억되는데 충무로 골목길에서 내게 계속 이렇게 명령하고 있었다.

"웃으세요, 웃으세요. 활짝 웃으세요."

〈별들의 고향〉이 책표지에 작가 사진이 실린 최초의 책이고, 그 다음부터 책표지에 작가 사진이 실리는 것이 대유행을 했던 것으로 기억되는데, 어쨌든 그 사진이 내가 활짝 웃은 최초의 사진일 것이다.

그 이후부터 찍은 사진은 대부분 입에 치약 거품을 물고 있는 듯 활짝활짝 웃고 있다. 사람이 웃으면 인상이 달라지고, 인상이 달라지면 성격이 변하고, 운명도 바뀌는 것일까. 활짝 웃는 사진을 찍기 시작한 이후부터 나는 우리나라에서 제일 사진을 많이 찍는 유명 인사가 되었으며, 세속적으로 말해서 명예를 얻은 소위 인기 작가가 될 수 있었다.

그 이후부터 찍은 사진이 족히 수천 장은 될 것이다. 처음에는 앨범에 차곡차곡 정리를 하던 아내가 나중에는 핵폭발처럼 쏟아져 들어오는 사진을 어쩌지 못하고 대충 서류 봉투에 넣어 보관하고 있는 것을 보면 아마도 나만큼 사진을 많이 찍은 사람도 없을 것이다. 인디오들은 사진을 찍으면 '일주일의 영혼'이 빠져나간다고 생각하는데, 그러고 보면 나는 아마도 사진을 통해 영혼이 다 빠져나간 허수아비인지도 모른다.

내가 제일 싫어하는 것은 사진을 골라내는 일이다.

오래 전 한 출판사에서 한 권 분량의 앨범을 정리하겠다는 제의가 왔을 때나 최근 어떤 잡지사가 인생 앨범을 기획했을 때나 또는 중단편 전집을 낼 때에도 사진 게재를 거절했던 것은 그 수천 장의 사진을 뒤져 몇 장의 사진만을 골라내는 작업이 엄두가 나지 않았기 때문이다.

최근 어쩔 수 없이 사진을 정리하지 않으면 안되는 일이 생겼다. 20년 전에 출간했던 〈잃어버린 왕국〉이란 대하소설을 개정해서 재출간하는데, 오래 전에 찍어두었던 일본의 사학자 초상을 한 장 찾아내야 하는 피치 못할 사정이 생겼기 때문이다.

나는 미루고 미루다 어느 비오는 날 아내와 둘이서 사진 가방을 거실에 놓고 수천 장의 사진을 뒤지기 시작했다. 수천 장의 사진 속에서 단 한 장의 사진을 골라내야 한다는 강박 관념에 처음에는 스트레스를 받았지만 사진을 한 장 한 장 들여다보고 있는 동안 차츰 알 수 없는 감상이 떠오르고 있었다.

　이제는 다 커버린 아이들이 사진 속에서 여전히 아이로 뛰어놀고 있었다. 지금은 돌아가신 엄마가 빨갛게 단풍이 물든 내장산 잔디밭 위에 앉아 계셨고, 역시 돌아가신 큰누이가 내 옆에 앉아 다정하게 어깨 위에 손을 두르고 있었다. 막내 누이는 어느 해 어느 계절인지는 기억나지 않으나 남산타워 밑에서 어린 조카들을 양옆에 거느리고 채송화처럼 웃고 있었다. 지금은 할머니가 다 된 아내도 동해 바닷가에서 웃고 있고, 설악산에서 머리 위에 꽃을 꽂고 춘향이처럼 웃고 있었다. 사진 속에서는 그리운 엄마도 살아 있고, 누나들도 함께 있고, 아내도 젊고, 나 역시 이팔청춘이로구나.

　아인슈타인은 자신의 모습을 열심히 찍는 사진사에게 말하였다.

　"당신은 훌륭한 직업을 가졌소. 당신은 외과 의사를 닮았다는 것을 아십니까?"

　사진사가 물었다.

　"어째서 제가 외과 의사와 닮았다는 말씀이십니까?"

　아인슈타인은 대답하였다.

　"외과 의사들은 메스를 잡고 생명을 다뤄 사람의 생명을 연장시켜 주지만 당신은 셔터를 누를 때마다 사람의 삶을 보존시켜 주고 있소. 사진은 나이를 먹지 않으니 사진사는 퍽 훌륭한 일을 하고 있는 겁니다. 사람은 늙어도 사진은 여전히 변함이 없으니 추억 속에 있는 그대로의 모습을 사진 속에서 찾아 볼 수 있기 때문인 것입니다."

사진을 한 장 한 장 뒤지는 동안 나는 아인슈타인이 말한 것처럼 사진은 나이를 먹지 않으며, 사람은 변해도 사진은 언제나 변함이 없다는 사실을 절실하게 깨달았다.

그리고 신비로운 것은 그때 입었던 옷들이 비록 지금은 낡아서 없어졌지만 생생하게 기억되고 삶의 동반자로서 중요한 역할을 하고 있다는 사실을 깨달은 것이다.

그뿐인가. 내장산 잔디밭에 앉아 있는 엄마가 입은 털스웨터를 보자 문득 엄마만이 가지고 있던 특별한 냄새까지 기억되어 선명하게 떠오르는 것이었다. 그 스웨터는 엄마가 이 지상에 내려와 내 엄마 역할의 연극배우를 할 때 입었던 무대 의상들이며, 지금은 그 역할을 다하고 함께 사라져버린 것이다.

"대자연은 신의 의상이고, 모든 사상과 형식, 제도는 그 의상을 꾸미는 단추와 같은 액세서리에 불과하다"는 '의상 철학'을 펼친 토마스 칼라일의 말처럼 우리가 한때 입었던 옷들은 결국 우리 자신을 드러내 보이는 존재의 양식인 것이다.

우리는 강물을 바라보면서 생각한다. 강물은 끊임없이 흘러간다고. 우리는 무심한 세월을 한탄하면서 생각한다. 시간은 끊임없이 흘러간다고.

그러나 며칠 전 어느 비오는 여름날 아내와 둘이서 수천 장의 사진을 뒤져 마침내 한 장의 사진을 찾아낸 후 느낀 소감은 다음과 같다.

흘러간 것은 강물이 아니라 그것을 바라보는 나 자신이며, 끊임없이 지나고 있는 것은 세월이 아니라 나 자신인 것이다.

일찍이 육조혜능六祖慧能이 말하였다.

'깃발이 휘날리는 것은 바람 탓도 아니고 그것을 보는 마음이 흔들리고 있기 때문' 이라고. 혜능의 말은 진리의 구경이다.

언젠가 그 사진 속에 있는 모든 사람은 죽을 것이다. 나도 죽고, 아내도 죽고, 우리의 아이들도 죽고. 그 사진 속에 남아 있는 모든 사물과 삼라만상도 사라질 것이다. 그러나 모든 것이 죽고 사라질지라도 '꽃잎은 떨어지지만 꽃은 영원히 지지 않는다'는 성 프란치스코의 말처럼 우리의 인생은 영원히 사라지지 않을 것이다.

영원한 스승의 눈물

얼마 전 집으로 두툼한 소포 하나가 배달되어 왔다. 포장을 뜯어 보니 인천에 사는 김관철 박사님이 보낸 소포였다. 김 박사님은 인천에서 오랫동안 '지성의원'이라는 병원을 운영하며 많은 사람에게 존경받는 분이다. 슬하에 많은 자식을 두셨고 모두 훌륭하게 성장하여 아버지의 대를 이어 병원을 운영하는 사실도 알고 있지만 '마법의 성'이란 노래를 작곡한 김광진 군의 아버지이기도 하다.

10여 년 전 인천에서 한번 뵌 적이 있는데, 그것은 그분이 아버지의 옛 제자라는 인연 때문이었다. 벌써 50여 년 전에 돌아가신 아버지에게 그런 훌륭한 제자가 있다는 사실에 자주 뵙지는 못하지만 항상 마음속으로 혈육 같은 깊은 정을 느끼고 있는 분이다. 그분이 내게 아버지에 관한 다음과 같은 내용의 수상을 보내주셨다.

"내가 순안포정보통학교(초등학교) 6학년 때인 1930년 초에 평양에서 배우같이 멋지고 잘생긴 최태원崔兌源 선생님이 우리의 담임으로 오셨다. 최 선생님은 뒤떨어진 순안 촌놈을 밤낮 가리지 않으시고 친자식처럼 사랑하며 가르치셨다. 선생님은 성대가 바리톤으로 노래도 잘 부르셨다. 당시 우리들에게 가르쳐주신 '나에 살던 고향은 꽃피는 산골, 복숭아꽃 살구꽃 아기진달래'를 우리들은 열심히 따라 불렀는데, 이 노래가 남과 북이 함께 부르는 국민의 애창곡으로 지금까지도 이어지고 있다. 선생님은 운동도 잘 하시어 과외 시간에는 테니스도 가르쳐주셨다. 나는 이때 테니스를 배워 훗날 '평양고보'와 '평양의전' 시절에 선수생활을 했다. 1940년 서울에서 개최된 전국4의전全國四醫專 테니스 대회에서 우승의 영광을 차지하기도 하였다.

선생님은 활동적이시며, 적극적인 성격으로 학부형과 학교 운영에 관한 협의회를 수시로 개최하여 학부모의 의견을 수렴, 교육 운영에 반영하는 등 학교와 학부모가 일체가 되도록 가교 역할을 하기도 하셨다. 그 시절에는 과외 공부라는 제도가 없었는데도 선생님은 우리 학년에서 성적이 우수한 학생 몇 명을 뽑아 밤늦도록 지도하셔서 그 결과 평양상급학교에 20여 명이나 합격을 하였다. 개교 이래 유례가 없는 경사로 순안 고을 전체가 떠들

썩했으며, 주변에선 선생님의 노고를 치하했다. 그 당시는 교과에 수신修身이라는 과목이 있었는데, 학생들은 이 과목을 제일 좋아했다. 우리들은 이때부터 세계의 문화와 역사에 접할 수 있었다. 어느 날 수신 시간에 선생님은 영국의 '리어왕' 이야기를 들려주셨는데, 줄거리는 대략 다음과 같다.

　리어왕은 대 영국을 번영으로 이끌었으나 나이가 80세가 지나고 체력이 달려 더 이상 나라를 이끌어나갈 힘이 없자 세 딸에게 권력과 재산을 적절히 나누어 주기로 결심하고 세 딸을 궁전으로 불러들였다. 한 자리에 모인 세 딸 중 맏이인 '코너릴'은 생글생글 웃으며 자기는 아버지를 목숨보다 더 사랑한다고 말한다. 이 말을 들은 왕은 딸과 사위에게 왕국의 땅 1/3을 넘겨주었다. 둘째딸인 '리이건'은 '나는 언니보다 더 많은 사랑을 받아왔던 만큼 언니보다 훨씬 더 아버지를 사랑하겠다' 고 아양을 떨었다. 리이건의 말을 들은 후 왕은 맏딸에게 준 것에 못지않게 왕국의 1/3을 그녀에게 주었다. 왕은 막내딸 '코딜리어'는 언니보다 훨씬 더 열렬하게 표현할 것이라고 생각하며 의견을 물으나 코딜리어는 언니들이 지껄이는 아첨이 단지 늙은 부왕을 속여서 정권을 빼앗으려는 거짓이라는 것을 알기 때문에 그와 같은 대답은 하지 않았다. 아버지를 사랑하는 것은 자식의 마땅한 도리라는 셋째딸의 솔직하고 진실된 말을 이해하지 못하고 화가 난 리어왕이 나머지 재산을 다시 맏이와 둘째딸에게 나누어 주자 코딜리어는 하루 아침에 무일푼의 고아 신세가 되었다.

그러나 코딜리어는 하느님의 은총으로 프랑스 왕과 결혼하여 프랑스로 가게 되었다. 영국을 떠나면서 코딜리어는 언니들에게 인사를 하며 늙은 아버지를 약속대로 편안히 모셔달라고 간청했다. 그러나 막내딸이 떠나자 언니들은 악마의 본성을 드러내기 시작하였다. 맏딸은 아버지의 왕관까지 빼앗았으며, 위로를 받고자 찾아간 둘째딸은 아버지를 궁정이 좁아 받아들일 수 없다고 거절하였다. 얼마 전까지만 해도 백만 대군을 호령하던 대왕은 이처럼 왕궁을 빼앗기고 폭우가 쏟아지는 광야를 헤맬 수밖에 없었다. 프랑스에서 이 소식을 들은 코딜리어는 분개하여 언니들을 정복하고 부왕에게 그 왕조를 복구할 수 있도록 군대를 보내달라고 남편에게 간청하였고 쾌히 허락되어 그녀는 군대를 거느리고 영국에 상륙했다.

코딜리어는 언니들의 군대를 격파하고 광야에서 헤매는 아버지를 만나 좋은 집에 편히 모시고 유명한 의사를 불러 최선을 다해 치료하였다. 리어왕은 병에서 회복되자 자기 딸을 알아보게 되었다. 이처럼 착한 딸을 미리 알아차리지 못하고 냉대한 것을 부끄럽게 생각하여 무릎을 꿇자 코딜리어는 "아버지, 그러지 마세요" 하고 부축하여 편히 앉혀드리고 "언니들의 불효함을 아버지에게 입맞춤으로 씻어드리겠어요" 하고 아버지께 입맞춤을 하였다.

여기서 선생님은 잠시 말씀을 멈추셨다. 갑자기 교실 안은 적막함이 흐르기 시작하였다. 어린 우리들은 선생님이 울고 계시는 것을 볼 수 있었다. 어린 우리들도 깊은 내용을 이해하지는 못했지만 선생님을 따라 울기 시작하였다. 온 교실이 울음바다가 되었다. 그후 선생님은 학교를 떠나셨다. 평양으로 나가서 진로를 바꾸셨다. 독학으로 법학을 공부하셔서 시험에 합격하여 변호사로 활동하셨다. 평소 민족 정신에 투철하신 선생님은 조만식 선생님과 같이 민주화 운동에 앞장서셨다. 선생님의 지엄하신 그 정신은 우리 제자들이 이어받아 애국하는 마음을 간직하게 되었다.

선생님이 길러내신 제자들이 각기 사회에 중견이 되어 한국, 일본, 미국에서 일을 하고 있다. 우리들은 기회가 있을 때마다 만나 옛정을 나누곤 한다. 그때마다 영원한 스승이 되신 선생님을 추모하며 '은사의 눈물'을 얘기한다……."

내 책상 머리 맡에는 한 장의 낡은 사진이 있다.

오래 전 북한에서 미국에 사는 누이에게 전해준 사진인데, 김관철 박사님이 회고하고 있던 대로 1930년대 초 갓 스무 살로 보통학교 선생일 때 찍은 아버지와 어머니의 신혼 사진이다. 생전에 열 명이 넘은 아이를 낳아 그중에 3남3녀를 키워 반타작 이상은 성공한 어머니는 그 사진 속에서 아직 철모르는 새색시의 모습이고, 아버지는 김 박사의 표현처럼 '배우처럼 멋지고 잘생긴'

청년의 모습을 하고 있다. 그 모습을 보면 나는 항상 인생의 신비함을 느낀다.

그 무렵 아버지는 누가 시키지도 않았는데도 밤늦게 야학을 열어 스무 명 이상의 촌놈들을 상급 학교에 진학시키지 않으셨던가. 그때 그 아이들을 위해 새색시였던 어머니는 밤마다 야참을 마련했다고 하지 않았던가.

나도 기억난다. 초등학교 때 아버지와 같이 '톰 소여의 모험'이란 영화를 보다가 문득 이상한 느낌이 들어 슬쩍 아버지의 얼굴을 보았더니 아버지는 거짓말처럼 눈물을 흘리고 계셨다. 초등학교 6학년 학생들에게 셰익스피어의 리어왕을 얘기해준 아버지. 그 얘기를 하면서 아이들이 보는 앞에서 줄줄 눈물을 흘리시던 아버지. 비록 아버지는 돌아가셔서 지금 내겐 안 계시지만 아버지의 눈물이 아직도 내 가슴속에서 마르지 않는 샘물로 흘러넘친다.

아아, 이제야 알았으니, 내가 지금 이만큼이나마 이름을 얻고 행복하게 살 수 있는 것은 돌아가신 아버지께서 베풀어주신 보이지 않는 덕행 덕분이었으니.

아버지, 돌아가신 아버지에게 50년 만에 어린아이의 입을 빌려 고백하나이다. 아버지, 아빠, 사랑합니다.

'최사모'를 아시나요?

영국의 시인이자 소설가인 키플링에게 어느날 애독자라고 하면서 한 소녀가 찾아왔다.

기쁘게 맞이하여 이야기를 주고받는데, 소녀는 갑자기 울음을 터트렸다. 너무 감격해서 그러는 줄로 생각한 키플링이 울지 말라고 위로하자 소녀는 말했다.

"선생님, 저는 선생님을 직접 만나기 전, 책만 읽었을 때는 선생님은 키가 크고, 잘생긴 분인 줄로만 알고 있었습니다."

굳이 키플링의 경우를 들지 않고서도 작가는 작품으로만 독자에게 알려져야지 직접 모습을 보여서는 안 된다고 나는 생각하고 있다. 다음과 같은 말도 있지 않은가.

'중국집 주방장과 작가는 모습을 보여줘서는 안된다.'

40년 가까이 작가 생활을 해오는 동안 나는 수많은 독자로부터 아낌없는 사랑을 받아왔다. 비교적 얼굴이 잘 알려진 편이라서 하루에도 몇 명씩 사인을 해달라는 사람을 만나기도 하고, 하루에도 몇 통씩 편지를 받기도 한다. 그러고 보면 지금까지 수천 통이 넘는 편지를 독자로부터 받았지만 답장을 해본 적은 거의 없다. 내가 이처럼 독자들에게 냉정한 것은 작가는 오직 작품으로만 독자들과 상대해야 한다는 평소의 신념 때문이다.

지금까지 만났던 독자 중에 잊혀지지 않는 독자도 몇 사람 있다. 그중의 하나는 5, 6년 전 하와이에서도 멀리 떨어진 작은 섬에서 일식집을 경영하고 있던 주인 겸 주방장이다. 신문에 난 내 원고 기사가 닳지 않도록 코팅까지 하고, 고국이 그리울 때면 바닷가에 나아가 원고를 하루에도 수십 번씩 소리내어 읽는다는 것이다. 직접 만났을 때 그 사람은 눈가에 그렁그렁 눈물이 맺혀 있었다. 또 오래 전 〈도시의 사냥꾼〉이란 소설을 신문에 연재하고 있을 때 부산에서 보낸 한 현직 검사의 편지도 잊혀지지 않는다. 지난 봄 30여 년 만에 만나고 보니 편지를 보낸 분이 바로 국민대학교 총장이신 정성진 박사였다.

이처럼 잊지 못할 특별한 독자도 몇 명 있지만 나는 대부분 독자에게 무심한 편이다. 그런데 최근에 독자에 대해서 다시 한번 생각해보는 기회를 갖게 되었다.

흔히 책을 새로 출판하면 홍보 행위로 대형 서점에서 작가가 직접 독자에게 사인을 해주는 서비스 행사를 열곤 한다. 어떨 때는 대구로, 부산으로 직접 찾아가 독자들을 맞이하고 직접 사인을 한다. 그럴 때면 작가인 나는 어쩔 수 없이 독자 앞에 모습을 드러낼 수밖에 없다. 평소에 독자에게 무관심한 나지만 이 행사 때만큼은 마음이 조마조마해진다.

보통 한 시간 정도 사인을 하는데, 서너 명의 독자만이 찾아오지나 않을까 불안하기도 하고, 그래서 공개적으로 망신을 당하지 않을까 하는 두려움도 들지만 막상 사인회를 무사히 끝내고 나면 항상 마음이 뿌듯해진다.

지금까지 한 번도 망신을 당하지 않고 많은 독자가 줄을 지어서 비싼 책을 사고, 책에 내 사인을 무슨 보물이라도 되는 듯 소중히 받아가는 걸 보면 나는 마치 자기가 만든 음식을 맛있게 먹는 손님들을 바라보는 주방장처럼 마음이 흐뭇해지고 행복감을 느끼게 된다. 그래서 나는 출판사에서 마련하는 사인 행사를 귀찮다고 생각해본 적이 없다. 사인 판매야말로 작가와 독자가 직접 얼굴을 마주하는 단 하나의 생생한 현장이기 때문이다.

최근에 나는 〈잃어버린 왕국〉이란 책을 개정판으로 새로 내고 지난 토요일 오후 서울 시내 대형 서점 두 곳에서 한 시간 간격으로 내리 사인 판매를 하였다.

이번 행사에서도 나는 잊을 수 없는 독자와 만날 수 있었다. 행사가 시작되자마자 가정 주부로 보이는 한 여인이 책을 들고 나타났다. 그 여인은 매장에서 책을 사지 않고 집에서 평소에 읽던 책을 가져온 듯 〈어머니가 가르쳐준 노래〉란 책을 펼쳐들고 내게 사인을 부탁하였다.

여인은 말하였다.

"선생님이 오시기 한 시간 전부터 기다렸어요. 전 이 책을 읽을 때마다 눈물이 난답니다. 돌아가신 어머니가 생각이 나서요. 지금도 눈물이 나네요." 여인은 울기 시작하였다. 내가 당황해서 갖고 있던 만년필을 선물로 주었더니 행사가 끝나고 돌아갈 무렵 여인은 내게 '사라 장'이 연주하는 드보르자크의 바이올린 협주곡 테이프를 선물로 주면서 말하였다.

"선생님, 꼭 150년 사셔야 해요. 아니 그보다 더 오래오래 사셔야 해요."

돌아오는 차 속에서 나는 그녀가 준 테이프를 들었다. 그 음악을 들으면서 나는 내가 정말 독자로부터 이처럼 과분한 대접을 받을 수 있는 존재인가 하는 부끄러움을 느꼈다.

일찍이 에머슨은 '좋은 독자는 좋은 책을 만든다'라고 말하지 않았던가. 좋은 독자에게 과분한 사랑을 받고 있는 나는 과연 좋은 책을 만드는 좋은 작가라고 자부할 수 있을 것인가.

이번 사인 판매에는 뜻하지 않은 손님들이 참석했다.

이른바 최인호의 글을 사랑하는 모임인 '최사모'의 회원들이 참석한 것이다. 컴퓨터를 켤 줄도 모르는 컴맹인 나는 막상 컴퓨터 안에 내 글을 사랑하는 카페의 모임이 있는 줄도 몰랐다.

오래 전부터 단국대학교에 다니는 '황상욱'이라는 젊은 청년이 강연회 때 나타나 사진을 찍고, 사인 판매 때도 나타나 사진을 찍고 해서 나는 그저 좀 극성스러운 팬이로구만 하고 생각했었다. 나는 이 청년이 '최사모' 카페를 운영하는 주인이라는 것을 모르고 있었던 것이다.

행사 전에 전화로 자신들이 사인 판매회에 참석하려고 하는데 끝나고 커피를 함께 나눌 수 있을까 물어와서 내가 그러자고 응답을 했더니 회원 대여섯 명이 사진기를 들고 나타났다. 회원수가 344명이라는 것이 황군의 말이었다. 그 말에 나는 정말 깜짝 놀랐다. 한 번도, 단 한 번도 당사자인 나는 관심도 없고 그 카페가 있는 줄도 몰랐는데, 어떻게 해서 344명이라는 많은 사람이 카페 속에서 서로 만나고 있는 것일까.

물론 나는 연예인들이 인기 관리 차원에서 팬들을 조직적으로 관리하고 있다는 말도 들었다. 나는 한 번도 만나본 적도 없는 사람들에 의해서 움직여지고 있는 카페의 얼굴 없는 유령인 것이다. 내 아들 '도단'이를 닉네임으로 삼고 있는 카페 주인 황상욱 군은 행사가 끝나고 따로 만나 간단하게 저녁 식사를 하는 자리에서 이렇게 말했다.

"제 아버지는 선생님의 팬이라서 제가 카페를 열자 적극 후원해주셨습니다. 그런데 어머니는 이렇게 말씀하셨어요. 밤낮 그래봐야 밥이 나오냐, 떡이 나오냐. 그런데 정말 오늘 밥이 나오는 군요."

그 말을 듣는 순간 나는 무안해졌다. 나는 황군의 어깨를 두드리며 이렇게 말하였다.

"가서 어머니께 말씀드려. 이제부터는 밥도 나오고 떡도 나온다고."

그날 밤 나는 순수하고 예쁜 최사모의 회원 아가씨들과 팔짱을 끼고 사진을 찍었다.

다음날 생전 처음 카페에 찾아가 보았더니 그들과 찍은 사진이 벌써 게시판에 올려져 있었고, 카페의 안내문에는 다음과 같은 내용이 적혀 있었다.

"이곳은 소설가 최인호 선생님과 글을 사랑하는 가족들의 화목한 모임입니다."

나는 이제 가능하면 내 가족들과 자주 대화를 하려 한다.

사정이 허락되면 그들에게 밥도 사주고, 떡도 사주고 싶다. 그러니 마음이 있는 사람들은 '최사모' 카페로 접속해서 회원으로 들어오기 바란다. 그래서 화목한 하나의 가족이 되었으면 한다.

큰스님을 모시는 마음으로

　　　　　　근대 한국 선불교의 중흥조였던 경허의 제자 중에 혜월慧月이란 스님이 있다. 낫 놓고 기역자도 모르는 까막눈으로 알려진 이 스님은, 그러나 천진불天眞佛로 불릴만큼 빼어난 고승이었다. 이 스님의 행장 중에 다음과 같은 이야기가 있다.

　스님은 네댓 살 넘은 동자승 하나를 데리고 주석하고 있었다. 스님은 이 동자승을 큰스님이라고 부르며 섬기고 있었다. 어디를 갈 때에도 혜월 스님은 이 동자승에게 인사를 드리며 꾸벅꾸벅 절을 하곤 하였다.

　"스님, 다녀오겠습니다."

　그러면 동자승은 태연히 인사를 받으며 말을 놓곤 하였다.

　"그럼 잘 다녀오게나."

어느 날 객승 하나가 이 절에 들러 잠시 머무르고 있었다. 그 모습을 보니 실로 가관이었다. 당대 최고의 고승인 혜월 스님이 네댓 살도 안된 동자승에게 정중히 예의를 갖추어 문안인사를 드리다니. 그뿐인가. 그보다 더 놀라운 것은 동자승이 아닌가. 공양을 할 때에도 버릇이 없는 것은 물론 큰스님을 자신의 시자처럼 부리고 있지 않은가. 기가 막힌 객승은 스님이 출타하기를 기다려 동자승을 불러다가 크게 꾸짖고 예의를 가르치기 시작하였다. 엉엉 울던 동자승은 객승이 시키는 대로 예절을 배우고 혜월 스님이 돌아오자 뛰어나가 두 손으로 합장하고 이렇게 큰절을 올리는 것이었다.

"큰스님 잘 다녀오셨습니까."

이 모습을 숨어 지켜보던 객승은 어린 동승에게 예절을 가르쳐 주었다고 내심 흐뭇해하고 있었는데, 정작 혜월 스님은 크게 놀라서 연유를 알아본 후 객승을 불러다가 꾸짖어 말하였다.

"네가 그렇게 시켰느냐."

"그렇습니다. 스님."

"어찌하여 그랬느냐."

"너무 버릇이 없어서 예의를 가르쳐 주었습니다."

혜월 스님이 크게 한탄을 하며 말하였다.

"네가 마침내 천진을 버렸구나. 어리석은 놈 같으니라고. 내가 큰스님(동자승)으로부터 천진을 배우고 있었거늘."

며칠 뒤 혜월 스님은 그 어린 동자승을 다른 절로 보내면서 손수 산문 밖까지 나아가 배웅하며 다음과 같이 인사하였다고 전해오고 있다.

"큰스님 안녕히 가십시오."

나는 요즘 내 손녀 정원이를 동자승처럼 모시고 있다. 말이 동자승이지 실은 내게 큰스님이나 다름이 없다. 〈길 없는 길〉이라는 소설에서 이런 혜월 스님의 일화를 이미 표현했으면서도 그 뜻은 정확히 헤아리지 못하고 있었는데 정원이를 보면 어째서 혜월 스님이 동자승을 섬겼는지 그 까닭을 알 수 있다.

혜월 스님의 말대로 정원이에게는 천진天眞이 있다. 불교에서는 천진을 '불생불멸의 참된 마음'이라 말하고, 기독교에서는 '너희가 진실로 어린아이같이 되지 않으면 하늘나라에 들어갈 수가 없다'고 가르치고 있다.

천진이란 문자 그대로 '하늘의 진리'가 아닐 것인가. 모든 아이에겐 저 하늘에서부터 지니고 내려온 천상의 빛이 머물러있는 것이다. 나는 정원이를 볼 때마다 동자승의 행동을 통해 천진을 배웠던 혜월 스님의 마음을 느낄 수 있다.

몇 달 전만 해도 정원이는 말이 느린 편이었다.

그도 그럴 것이 미국에서 살다 한국에서 지내다 그랬으니 어린 나이에도 언어의 혼란이 있었을 것이다. 미국에서는 텔레비전을 켜도 항상 영어가 튀어나오는데, 한국에서는 또 다른 괴상한 말이 나오니 한창 말을 배울 때인 정원이로서는 혼돈이 있었을 것이다. 그래서 그런지 좀처럼 말을 하려 하지 않았다.

내가 하는 말은 다 알아듣고 있으면서도 웬만해서는 입을 열어 말을 하려 하지 않는 것을 보면 자신이 있지 않으면 말하지 않으려 한다는 느낌을 받을 정도였다.

정원이는 말을 할 때마다 쭈뼛쭈뼛 자신 없어 했다. 나는 그런 정원이를 보면서 심각하게 생각하였다. 정원이의 입에서 자신 있게 말이 튀어 나오게 할 수 있는 방법이 없을까. 유아원에서도 정원이가 말은 잘 알아들으면서도 좀처럼 말을 하지 않는다고 하지 않았던가.

나는 정원이가 자존심이 강한 아이라고 생각했다. 아이에게 무슨 자존심인가 하고 생각할 수도 있을 것이다. 그러나 나는 아이를 관찰하면서 모든 아이에게는 어른들이 갖고 있는 심리보다 더 미묘하고 복잡한 감정이 깃들어 있음을 발견할 수 있었다. 그러한 섬세한 감수성과 미묘한 감정을 갖고 있으면서도 단지 이를 표현하지 못한다는 유아성 때문에 아이들은 어른들로부터 억압적이며, 강압적인 상처를 입고 있는 것이다.

자존심이 강한 내 손녀 정원이에게서 어떻게 말문을 끄집어낼 수 있을 것인가. 고민하던 나는 순간 한 가지 방법을 떠올릴 수 있었다. 그것은 노래였다. 이후부터 나는 정원이 앞에서 노래를 부르기 시작하였다. 노래는 사람들에게서 자의식을 해방시킨다.

심하게 말을 더듬는 사람들도 노래를 부를 때만큼은 말을 더듬지 않는다고 하지 않던가.

다행히 정원이는 노래를 좋아해서 곧 내 노래를 따라 부르기 시작하였다.

내가 이 세상에 태어나 제일 먼저 배운 노래는 '아가야 나오너라, 달맞이 가자'였다. 나는 정원이에게 이 노래부터 가르쳐주었다. 방법은 정원이가 따라 부르거나 말거나 내가 먼저 신이 나서 노래를 부르는 것이었다. '반짝반짝 작은 별' 할 때는 손바닥으로 반짝반짝 흉내를 내었고, '동쪽 하늘에서도'에서는 손을 들어 동쪽 하늘을 가리켰다. '나비야 나비야, 이리 날아 오너라'를 부를 때는 유치원 선생님처럼 팔을 들어 나비의 날갯짓을 흉내 내었다.

어느 틈엔가 정원이는 내 노래를 따라 부르기 시작하였다. 그럴수록 나는 크게 박수를 치고 내가 먼저 신이 나서 노래를 더 크게 부르고 춤을 추었다. 처음에는 작게 따라 부르던 정원이가 언제부터인가는 고래고래 목청을 높인다. 그러는 동안 정원이는 어느 순간 말문이 터지기 시작하였다. 자신감을 회복했는지 이제는 못하는 말이 없고, 표현력도 뛰어나다. 그래서 요즈음에는 정원이와 대화하는 것이 재미있을 정도다.

아이들은 어른들이 자기를 사랑하는지 아닌지 본능적으로 알고 있다.

마지못해 함께 놀아주면 아이들도 마지못해 논다. 아이와 놀 때도 혼신의 힘을 다하지 않으면 안되는 것을 나는 느낀다. 사랑한다는 것은 혼신의 힘을 다하는 행위임을 나는 정원이에게 배운다.

최근에 정원이가 느닷없이 내게 '기차'를 사달라고 말하였다. 그 순간 나는 마음이 움찔하였다. 지난 10월 정원이의 생일날 나는 무심코 기차를 사주겠다고 약속을 했던 것이다. 그런데 약속을 했을 뿐 지키지는 못하고 벌써 두 달 가량 흘러가 버린 것이다. 그것을 기억하고 있다가 어느 날 내게 그 약속을 지키라고 기차를 사달라는 것이 아닌가.

우리는 어린아이들이 무슨 약속을 기억할 수 있을까 무시하고 있다. 그러나 정원이는 두 달 동안 그것을 기억하고 있다가 내 자존심이 상하지 않도록 약속을 지킬 것을 요구하고 있지 않은가.

공자의 제자였던 증자曾子의 아내가 시장에 가려는데 아이가 울면서 뒤쫓아 나왔다. 증자의 아내는 "자, 빨리 집에 가 있어라. 시장에 갔다 오면 돼지를 잡아서 맛있는 고기를 줄 테니" 하고 말했다. 그녀가 시장에서 돌아오니 증자가 돼지를 잡으려 하고 있었다. 그녀는 깜짝 놀라 "난 그저 농담으로 한 얘기에요" 하고 말했다. 그러자 증자는 "아이들에게 그런 농을 해서는 안 되오. 부모에게서 여러 가지를 배워가고 있는 애들에게 거짓말을 하면 그 애들이 거짓말하는 법을 배우게 될 거요. 거짓말임을 알면 어미인 당신도 믿지 못하게 될 거요" 하고는 아이와 약속한 대로 돼지를 잡아 먹였다 한다.

  나는 증자의 말대로 정원이에게 거짓말 약속을 했으니 이번 크리스마스 선물로 기차를 사주려고 한다. 무려 두 달을 참았다가 그 약속을 지키라고 당당하게 요구를 한 정원이. 정원이는 두 달이나 할아버지가 약속을 지킬 것을 참으며 기다려왔지 않은가. 아아, 그렇다. 워즈워드의 시처럼 '모든 아이는 어른의 아버지.' 나는 요즘 큰스님을 모시고 도량에서 도를 닦고 있다.

1971, 서울 창경원

고요를 잃어버린 도시

　　나는 요즘 신경이 곤두서 있다. 오랜만에 〈서울신문〉에 '유림儒林'이란 소설을 새롭게 연재하게 된 것이 그 주된 이유이다. 평생 글을 쓰며 살아오면서도 새롭게 소설을 쓰기 시작할 때면 신경이 날카로워진다. '유림'은 10여 년 전부터 구상해온 작품으로, 유교의 창시자인 공자와 그의 사상을 정치적으로 구현하려 하였던 조광조趙光祖와 성리학의 대가인 이퇴계李退溪에 대한 이야기가 그 소재인데, 이상스럽게도 소설을 시작할 때면 젊었을 때보다 더 고통스럽고 때로는 공포까지 엄습해올 정도인 것이다.

　　그런데 이런 작업에 뜻밖의 환경적인 요인까지 겹치게 되었다. 그러니 죽을 맛이다. 소설을 쓸 땐 으레 아침 일찍 일어나 내 집

서재에서 배를 깔고 엎드려서 세 시간 가량 집필하는 것이 내 작업 습관인데, 아예 서재에서 글을 쓰는 일이 불가능하게 되어버린 것이다. 집 앞에 있는 15층짜리 복합건물이 공사 중이기 때문이다.

아침 일곱 시부터 일요일도 없이 계속되는 대형공사가 시작된 지 벌써 일년이 넘어간다. 그러니 그 뚝딱거리는 소음 때문에 도저히 정신을 집중할 수가 없는 것이다. 소설을 집필하는 것이 불가능할 뿐 아니라, 아예 숙면을 취하는 것 자체가 불가능해진 것이다. 궁여지책 끝에 비행기에서 스튜어디스에게 소음방지용 귀마개를 얻어 새벽 다섯 시면 귀에다 꽂고 잠을 잔다. 그러나 귀마개를 꽂으면 소음은 비교적 차단되지만 그 대신 혈관의 박동 소리가 마치 기차의 진동 소리처럼 쿵쾅쿵쾅하고 울린다. 도저히 견딜 수 없는 고통의 나날이다.

기초 공사를 할 때면 새벽 네 시부터 흙을 퍼다 나르는 덤프트럭들이 부릉부릉 엔진소리를 내면서 오고 간다. 그 괴로움은 지옥 이상이다. 150가구가 넘는 대형 건물의 유리창이란 유리창은 공교롭게도 마치 현미경으로 관찰하듯 우리집 쪽으로 집중되어 있고, 내가 가장 좋아하는 태양빛은 이미 가려져 마치 일식 현상이 일어난 것 같다. 왜 가만히 있느냐고, 법적으로 대응이라도 하지 않느냐고, 그래서 정신적 피해 보상이라도 받아야 하지 않겠느냐고 부추기는 사람들도 있지만, 그들도 재산권을 행사하고 있으므로 마냥 싸울 수만은 없는 것이다. 그러니 가뜩이나 시비 붙는 것을 좋아하지 않는 나는, 늘 그냥 치통을 참고 있는 사람처럼 이를 악물고 하루하루를 견디고 있었다.

그런데 더 이상 참을 수 없는 사건이 터지고 말았다. 한 달 전쯤 옆집의 건물 전체가 헐리더니 어느 날 갑자기 6층짜리 건물 공사가 시작되었다. 마침 일본에 출장 중이던 나는 아내로부터 전화를 받았는데, 아내의 목소리는 거의 울부짖고 있었다.

"여보, 집이 무너지고 있어요."

혼비백산한 나는 하루 만에 간신히 집으로 돌아왔는데, 무리한 공사로 집 담장이 무너진 것은 물론 집 자체의 외곽에 균열이 가서 무너진 것이었다. 이 집은 아내와 내가 15년 전에 직접 지은 것으로 아내와 나는 이 집을 짓고 나서 이렇게 말했었다.

"여보, 우리 이 집에서 평생 평화롭게 삽시다."

이미 두 번이나 직접 집을 지었던 우리 부부는 집을 짓는 일이 얼마나 고통스러운가를 충분히 경험했던 것이다. 옛말에도 '죽을 수에 집을 짓는다'라는 말이 있지 않던가. 그렇게 혼신의 힘을 다해 지은 집이 막무가내로 벌인 공사로 균열이 가버린 것이었다. 나를 본 아내는 엉엉 울기 시작하였고, 나 역시 속수무책이었다. 공사를 중지시키는 진정서를 구청에 내고 타협을 시작했지만 정작 공사 담당자들은 코빼기도 보이지 않는다. 나는 요즘 우리의 인생이 무엇을 목표로 하고 있는가를 심각하게 고민하고 있다. 도대체 구청과 같은 행정기관은 누구를 위해 존재하는가. 저들이 재산권을 행사한다면 내게도 엄연히 내 보금자리에 대한 권리가 있는 것이다.

개발, 개발만을 앞세운 행정기관의 난개발로 얼마나 많은 도시가 황폐해지고, 그 무시무시한 투기 때문에 얼마나 많은 사람의 영혼이 피폐해지고 있는가. 그리하여 서울의 강남은 '소돔과 고모라'처럼 무서운 우상들의 신전으로 변하고 있는 것이다. '시체가 있는 곳에 독수리가 있다'는 성경의 말처럼 그저 이익, 이익이 있는 곳에 무차별한 파괴만이 있는 것이다. 부수고, 뭉개고, 때리고, 뒤집어엎는 이 살벌한 도시에서 어떻게 참 생명이 살아 숨쉴 수 있을까. 내 집에서 평화롭게 살고자 하는 우리 가족의 소박한 소망은 왜 이처럼 타인에 의해 잔인하게 유린되어야 할까.

"집값이 오르니 얼마나 좋을까요."

어떤 사람은 오히려 나를 위로한다. 난 그럴 때면 솔직히 구역질을 느낀다. 집값이 오르지 않아도 좋다. 내가 진정 원하는 것은 내 사랑하는 가족의 평화뿐이다.

그리스의 철학자 디오게네스에게 세계의 정복자 알렉산더가 "무엇을 원하는가. 원하는 대로 해드리겠다"고 묻자 디오게네스는 이렇게 대답하였다.

"그대의 그림자가 햇빛을 가리고 있소. 내가 원하는 것은 그대가 내 곁을 떠나가 주는 것뿐이오."

나는 디오게네스의 말에 동의한다. 나는 개발에 따른 수십억의 이익보다 한 줌의 태양과 넉넉한 휴식과 평화를 더 사랑한다. 땅만 있으면 파헤치고 때려 엎는 건설의 망치질이 언젠가는 심각한 부작용을 초래할 텐데, 왜 위정자들은 그것을 모르고 있는가. 왜 행정당국은 그 엄연한 진리를 모르고 있는 것일까. 새들이 떠난 숲은 적막하며, 빌딩들만이 서 있는 도시는 사막이다.

과테말라의 소설가 아스투리아스의 집 앞에는 다음과 같은 경고판이 붙어 있다는 말을 들은 적이 있다. 그의 집에서 1km 되는 곳에는 '여기는 우리의 위대한 작가 아스투리아스가 글을 쓰고 있는 구역입니다. 그러니 경적을 삼가주십시오'란 팻말이 붙어 있다고 한다.

오해하지를 말기 바란다. 감히 1967년 노벨문학상 수상자인 아스투리아스와 나를 비교하려 하는 것은 아니다. 하지만 어쨌든 나도 소설가이며 평생 동안 내 집에서 원고를 쓰고 그것으로 생활을 꾸려온 작가임에는 틀림이 없다. 위대한 아스투리아스처럼 내 집 앞에서 경적을 울리는 것을 삼가주기를 나는 감히 바라지 않는다. 다만 한 사람의 시민으로서 나에겐 당연히 휴식과 평화를 방해받지 않을 권리가 있는 것이다.

나는 요즘 분노하기 시작하고 있다. 되도록 화를 내지 않으려고 노력하지만 일단 화가 나면 나는 아마도 '헐크'가 될지도 모른다. 화가 나면 몸집이 부풀고 옷이 찢겨지는 초록 괴물 헐크처럼 닥치는 대로 싸움을 걸지도 모른다. 돈키호테는 풍차를 향해 창을 들고 돌진했었다. 거대한 관공서, 건설업자, 대기업들이 보면 이러한 내 행동이 풍차를 향해 덤벼드는 돈키호테처럼 어리석어 보일지도 모르지만, 나는 끝까지 집요하게 창을 들고 돌진할지도 모른다.

도대체 우리는 어디로 가고 있는가.

소시민의 가슴속에 분노의 용암을 끌어 오르게 하는 이 사회의 광기는 도대체 어디서 비롯된 것인가.

아아, 나는 기찻길 옆 오막살이에 잠들어 있는 아기처럼, 칙칙폭폭 기차 소리 요란해도 잘도 자는 아기처럼 죽음보다 깊은 잠에 빠지고 싶다.

'장엄한 업적'을 이룬 나라

인도를 다녀온 사람들의 반응은 극과 극으로 갈린다.

인도를 예찬하거나 혹은 인도를 멸시하거나. 인도를 예찬하는 사람들은 인도야말로 전 세계에서 인간적인 삶의 원형이 그대로 남아 있는 유일한 '낙원'이라고 서슴없이 말하는가 하면 인도를 혐오하는 사람들은 인도는 더럽고 미개하며 온갖 미신들이 들끓고, 인간을 네 종류의 계급으로 나눠야만 간신히 국가로서의 형태를 유지할 수 있는 '생지옥'이라 혹평을 하고 있다. 지금껏 나는 후자에 가까운 사람이었다.

인도를 처음 여행한 것은 7년 전 김우중 회장과 함께 닷새간 뉴델리에 머물고 있을 때였다. 밤낮없이 먼지가 둥둥 떠서 흐르는 인도의 거리를 걸으면서 어떻게 이렇게 열악한 환경에서 사람들이 살고 있는가, 경외감이 들 정도로 뒤죽박죽의 난장판 국가였다. 그래서 나는 인도를 예찬하는 사람들을 만나면 "인도를 예찬하지만 말고 아예 그곳에서 사십시오" 하고 빈정거리곤 했다. 사람들이 인도를 예찬하는 것이야말로 오히려 인도를 낮춰보는 교만 때문일지 모른다는 부정적인 견해도 갖고 있었다.

그런 내가 연초에 인도를 보름 가까이 여행하고 돌아왔다. 상상할 수도 없는 많은 거리를 때로는 비행기로, 때로는 차로 달리면서 지금까지 수많은 나라를 여행하며 맛볼 수 없었던 극심한 고통을 겪었다.

인도에서 여행을 떠난다는 것은 그 자체가 고행이다. 비행기는 예닐곱 시간 늦게 출발하는 것이 보통이고 어떤 때는 안내 방송하나 없이 아예 결항이 되어버린다. 그럼에도 누구 하나 불평하는 사람이 없다. 도로 사정도 마찬가지여서 보수를 하지 않은 국도는 비포장도로와 다름이 없다. 하루에 열다섯 시간씩 차를 타고 가는 것은 보통이어서 수년 간의 중국대륙 여행으로 웬만한 여정에는 꿈쩍도 하지 않는 강심장이었던 나도 나중에는 지치고 쓰러질 정도였다.

인도의 성지로 유명한 바라나시. 평생에 한 번만이라도 가보고 싶어 하는 인도 사람들에게 마음의 고향인 갠지스 강. 한쪽에서는 사람들이 목욕을 하며 죄를 씻고, 한쪽에서는 장작더미 속에서 죽은 사람이 화장되어 그대로 재가 강에 뿌려진다.

염소들은 시체 위를 덮었던 꽃을 갉아먹고, 개들은 시체들의 남은 살점을 그대로 뜯어먹는다. 태어나서 한 번도 본 적이 없는 인간 시장. 12억 인구의 중국에서도 경험하지 못한 아비규환의 거리. 움직일 때마다 어깨를 건드리는 거지들. 그 가운데를 릭샤라 불리는 인력거를 타고 갈 때에는 공포감마저 엄습해온다.

도대체 누가 왜 만들었는지 알 수 없는 불가사의하기만 한 힌두교의 탑들. 사원 벽마다 새겨진 수만 가지의 애무 장면, 노골적인 남녀의 섹스 장면, 21세기 포르노에서도 감히 볼 수 없는 남녀의 혼음 장면이 조각된 카주라호.

죽은 왕비를 기념하여 20년 가까이 흰색 대리석으로만 만든 타지마할. 가장 소중한 세계 유산으로 일컬어지는 타지마할의 모습을 보고, 또한 뉴델리 근교에 있는 자이푸르의 거대한 붉은 성채를 본 후 열흘 만에 뉴델리로 돌아왔을 때, 인도에 관한 내 선입견은 서서히 변화하고 있었다.

인도가 낳은 세계적인 시인 타고르는 〈생의 실현〉이란 책 속에서 인도의 고대 문명에 대해 말하고 있다.

"인도의 고대 문명은 그 자체의 완전한 이상을 가지고서 노력을 기울였다. 그 목적은 힘을 얻는 데 있지 않았다. 재능을 기르는 일을 극도로 등한시하였고, 방비나 공격을 목적으로 국민을 조직하는 일, 또는 부를 얻는 데 있어서의 협조라든지 군사적 정치적 지배권을 목적으로 국민을 조직하는 일은 등한시하였다. 인도 문명이 실현하고자 노력한 이상은 최고 인간을 관조적인 생활로 이끌어가는 것이었고, 인도가 실재의 신비로 침투함으로써 인류를 위하여 얻은 보화들은 인도에게는 가치가 있는 성공이었다. 그러나 이것도 역시 장엄한 업적이었다. 이것은 한계를 모르는 인류 열망의 숭고한 표현이었다. 또 그 열망은 무한의 실현에 못지않은 목적을 가졌다."

나는 전적으로 시성 타고르의 말에 동의한다.

지금껏 나는 내가 여행한 나라 중에 가장 사랑하는 나라로 중국대륙을 손꼽고 있었다. 그러나 중국의 그 엄청난 유적들은 대부분 군사적 정치적 지배권을 목적으로 한 것이었다. 예를 들어 '만리장성'도 결국에는 군사적 방어를 목적으로 자신의 권력을 극대화시키기 위한 대공사였다. 그러나 인도의 유적들은 타고르의 말처럼 힘을 얻거나 부를 축적하기 위한 것이 아니라, 그 자체로서 완전한 미와 조화, 극도의 이상을 추구하기 위한 것이었다.

따라서 세계 4대 문명 중의 하나인 인도 문명은 최고 인간을 관조적인 생활의 격리로 이끌어갔으므로 석가모니라는 위대한 성인을 탄생시킬 수 있었던 것이다.

GNP가 높은 나라만이 문명국이 아니다. 그것은 다만 물질에 지나지 않는다. 인도는 인류의 스승인 석가를 탄생시킨 인류의 태반이다. 또한 20세기 최고의 예언자 간디를 낳은 정신적 선진

국인 것이다. 뛰어난 인도의 그 화려한 문화 유산은 정치적인 목적이거나 권력을 위한 것이 아니고 오직 완전한 이상을 추구하는 열망의 숭고한 표현이므로, 타고르의 표현처럼 이것은 인도만이 가질 수 있는 '장엄한 업적'인 것이다.

뉴델리의 교외에는 간디의 무덤이 있다.

생전에 그의 삶답게 조촐하고 단순한 무덤에는 영원히 타오르는 성화가 그의 넋을 달래고 있다. 그 한 옆에는 20세기 초 간디가 〈젊은 인도〉에서 표현하였던 '일곱 가지의 사회악'이 영문으로 새겨져 있다. 간디는 국가가 멸망할 때 나타나는 징조를 다음과 같은 일곱 가지로 분류하고 있다.

"원칙 없는 정치, 노동 없는 부, 인간성 없는 과학, 인격 없는 교육, 양심 없는 쾌락, 도덕 없는 경제, 희생 없는 신앙."

간디의 무덤 위에 헌화하고 맨발로 걸어와 그 문구를 보면서 나는 부끄러워 고개를 들 수 없었다. 간디의 예언은 어찌 우리나라의 현실을 그처럼 정확히 꿰뚫어 보고 있는 것일까. 간디의 예언대로라면 우리나라는 지금 멸망해가고 있는 것이 아닌가. 국민을 위해 목숨을 바친 인도의 국부 간디. 그러한 위대한 스승조차 갖지 못하고 있는 우리가 어떻게 인도를 무시하고 깔볼 수가 있을 것인가.

인도를 여행하고 돌아오면서 이제는 내가 자주 인도를 여행할 것 같다는 느낌을 받았다. 인도는 인도 이상도 아니고 인도 이하도 아닌, 인도 그 자체라는 강렬한 인상을 받았다.

나는 이제 인도의 신비 속으로 새로운 여행을 떠날 것이다.

〈삼국유사〉에 나온 대로 2천 년 전 인도의 아유타에서 시집온 허황옥許黃玉의 나라. 김수로 왕의 왕비였던 허황후의 예에서 볼 수 있듯이, 인도는 더 이상 우리에게 있어 갈 수 없는 아득한 별나라가 아닌 것이다.

인도는 바로 우리 옆에 있다.

1971, 익산

꽃다운 님의 얼굴에 눈멀었습니다

주책이라고 빈정대지는 마세요. 요즘 저는 사랑에 빠져 있습니다. 환갑이 가까운 나이에 그럴 수가 있느냐고 하겠지만 어떡하겠습니까.

아내도 있고 자식도 있는 할아버지가 그럴 수 있느냐고 하겠지만 어쩔 수가 없어요. 사랑에 빠진 것은 사실이니까. 솔직히 고백할게요. 내가 고백하지 아니하면 길거리의 돌멩이들도 소리를 지를 것입니다.

이제는 몸속에 있는 열정도 다 식어빠져, 굳어버린 용암처럼 화석이 되어버릴 나이지만 요즘의 사랑은 젊었을 때보다 더 강렬하게 용솟음치고 있습니다.

나는 날마다 한용운 님의 시 '님의 침묵'을 외고 있습니다. '님은 갔습니다. 아아 사랑하는 나의 님은 갔습니다' 로 시작되는 '님의 침묵'은 이렇게 이어지지요.

'푸른 산빛을 깨치고 단풍나무 숲을 향하여 난 작은 길을 걸어서 차마 떨치고 갔습니다.

황금의 꽃같이 굳고 빛나던 옛 맹세는 차디찬 티끌이 되어서 한숨의 미풍에 날아갔습니다.

날카로운 첫 키스의 추억은 나의 운명의 지침을 돌려놓고 뒷걸음쳐서 사라졌습니다.

나는 향기로운 님의 말소리에 귀먹고 꽃다운 님의 얼굴에 눈멀었습니다.

사랑도 사람의 일이라 만날 때에 미리 떠날 것을 염려하고 경계하지 아니한 것은 아니지만,

이별은 뜻밖의 일이 되고 놀란 가슴은 새로운 슬픔에 터집니다. (후략)'

한용운 님의 시는 정말 가슴을 저며요. 나는 한용운 님의 시처럼 향기로운 님의 말소리에 귀먹고 꽃다운 님의 얼굴에 눈멀었습니다. 평생 처음 지갑 속에 님의 사진을 두 장이나 넣고 다닙니다. 하루에도 몇 번씩 지갑을 열고 사진을 들여다봅니다. 사진을 보면 볼수록 그리움은 처음인 듯 새로워지고 날카로운 첫 키스의 추억은 새록새록 솟구칩니다. 이를 어쩌면 좋겠습니까.

그뿐인가요. 집에는 님께서 남기신 녹음테이프가 그대로 있

어요.

이따금 녹음테이프를 틀어 그 목소리를 듣는 순간 떠나보낸 님의 모습이 너무나 그리워서 눈물까지 흘립니다. 집안 곳곳에는 님이 남긴 낙서의 흔적과 물건이 많이도 있습니다. 내 서재의 책상 위에는 님이 그리다 만 낙서가 한 장 놓여 있는데, 나는 그것을 신주단지처럼 모셔놓고 그것을 볼 때마다 다정하게 님의 이름을 불러봅니다. "정원아, 정원아, 보고 싶은 정원아" 하고 말이에요. 그래요. 한용운 님의 시처럼 미리 떠날 것을 염려하고 경계하지 아니한 것도 아닌데, 이별은 뜻밖의 일이 되고 놀란 가슴은 날이면 날마다 새로운 슬픔에 터져요. 그래서 나는 헤어질 때가 가까워올 무렵 이렇게 말하곤 하였지요.

"정원아, 네가 떠난 후 보고 싶으면 어떻게 하지?"

그러면 님은 내가 두려워하는 이별의 슬픔 따위는 아랑곳 하지 않고 그저 모른체하였지요. 그래서 나는 사랑에 대해서 많이 배웠어요.

내가 지금껏 누군가를 사랑했던 것은 감정의 과잉이며 감정의 오버액션이어서, 실은 상대방을 사랑한 것이 아니라 나 자신을 더 사랑했던 것임을 알게 되었지요. 그리고 이별을 두려워한 것도 소유욕 때문이라는 사실을 알게 되었어요. 마치 변태성욕자들이 찰나의 쾌락을 극대화시키기 위해서 쾌락의 순간을 연장하고 그것을 도구화하고 어떤 행동으로 전이시켜 그것에 몰두하듯이,

내가 지금까지 해왔던 사랑은 실은 변태적 사랑이라는 것을 깨달았습니다.

만남이 있으면 헤어짐이 있고, 사랑을 하다가 이별하는 것은 당연한 일인데도 그것을 두려워하며 그 감정을 연장시키려 했던 것이지요. 그래서 한용운 님은 이렇게 노래하지 않았던가요.

'우리는 만날 때에 떠날 것을 염려하는 것과 같이 떠날 때에 다시 만날 것을 믿습니다.

아아, 님은 갔지만은 나는 님을 보내지 아니하였습니다.

제 곡조를 못 이기는 사랑의 노래는 님의 침묵을 휩싸고 돕니다.'

시처럼 님은 내 곁을 떠났지만 나는 내 님을 보내지 아니하였습니다.

님이 비행기를 타고 미국으로 떠날 때 나는 님의 모습을 조금이라도 더 보기 위해서 탑승구 유리창에 얼굴을 대고 지켜보고 있었습니다. 그 모습을 님이 발견하더니 갑자기 손을 흔들며 이제 그만 들어가라고 연신 손을 내저었습니다. 내 눈가에는 그렁그렁 눈물이 맺혔지만, 이별의 의미가 무엇인지도 모르는 님은 그저 손을 흔들며 '빠이빠이'만 하였지요.

그렇습니다. 만남의 기쁨도 이별의 슬픔도 다 과장된 감정일 뿐입니다. 하느님의 나라에서 보면 만남도 헤어짐도, 죽음도 삶도 둘이 아닌 하나인 것입니다. 환갑이 가까운 지금에 이르러서야 나는 내 사랑하는 님을 보며 사랑이 무엇인가를 새롭게 경험하고 있습니다.

헤어지기 전날 밤이던가요, 님은 내게 이렇게 말을 하였습니다.

"할아버지, 난 할아버지를 참 좋아해."

나는 그때 감동하였지요. 이제 겨우 세 살 난 어린아이가 듣기 좋은 말을 일부러 했을 리는 없다고 생각합니다. 정원이가 내게서 무슨 대가를 얻기 위해 아양을 떨었다고는 생각하지 않습니다. 느낀 그대로를 말하는 정원이에게서 사랑이란 있는 그대로의 감정을 있는 그대로 표현하는 것임을 배웠습니다.

"할아버지 안아줘."

매달리는 정원이를 안으며 나는 정말 행복하였습니다. 내가 그동안 정원이를 만만히 다룰 수 있는 애완용 강아지처럼 귀여워하였던 건 아니었나 하는 생각에 섬뜩하였지요. 정원이는 어린애가 아닌 나보다 더 큰 어른이었습니다. 그리고 나보다 훨씬 더 순수한 신성의 인간이었습니다. 하늘의 진리, 즉 천진天眞으로 가득 찬 거룩한 영혼을 가진 인간이었던 것이지요. 이 아이야말로 하느님이 두레박으로 내려 보내준 선물임을 나는 깨달았습니다.

최근에 나는 정원이와 전화 통화를 하였습니다. 정원이가 이 할아버지에게 노래를 불러 달라고 하였습니다.

"나비야 나비야 이리 날아오너라. 노랑나비 흰나비 춤을 추며

오너라."

내가 노래를 불렀더니 정원이도 따라 불렀습니다.

"봄바람에 꽃잎도 방긋방긋 웃으며 참새도 짝짝꿍 노래하며 춤춘다."

그 노래는 우리 둘이 함께 나비처럼 양 날개를 펄럭이고 손바닥으로 짝짝짝 박수를 치며 부르던 노래였지요. 아이에게도 그리움이 있는지 궁금했는데, 오늘 아침 아내가 딸아이와 통화를 하였는데 정원이가 느닷없이 "할아버지가 보고 싶다"고 말했다는 겁니다. 그리고 이렇게도 말했다고 합니다.

"할아버지를 보면 뽀뽀해줘야지."

그 말을 들으며 나는 기뻐서 어쩔 줄을 몰랐습니다. 부활하신 예수님을 만났을 때 제자들이 '기뻐서 어쩔 줄을 몰랐다' 고 한 성경의 구절을 볼 때마다 나는 도대체 어떤 기쁨이 '어쩔 줄 모르는 기쁨' 일까 항상 궁금했는데, 정원이의 그 말을 듣는 순간 나는 내 눈앞에 부활한 예수님이 나타나신 것처럼 기뻐서 어쩔 줄을 몰랐습니다. 나는 이 사랑의 고백을 하는 순간에도 지갑 속에 들어 있는 내 사랑하는 님, 성정원의 얼굴을 쳐다보며 그 얼굴에 뽀뽀를 하고 또 하고 있습니다.

사랑에 빠진 이 주책바가지 할아버지를 너무 나무라지는 마시기 바랍니다.

30년 만에 천국에서 온 편지

　　　　　　　　며칠 전 나는 새로 나올 책의 교정을 보다가 혼자서 한참을 운 적이 있었다. 그것은 그 동안 여기저기의 어머니에 관한 글을 모아서 '어머니는 죽지 않는다'라는 제목의 책을 내기 위한 원고를 읽던 중이었다.

　어머니는 1987년에 돌아가셨으니까 벌써 20년이 넘는 세월이 흘렀다. 이제는 기억도 희미하고 어머니에 대한 그리움도 많이 사라져 어머니를 떠올릴 때가 거의 없다. 전에는 가끔 꿈속에서 어머니가 나타나고, 어떤 때는 어머니와 가톨릭에서 하는 성체를 함께 영하는 영성적인 꿈도 꾸긴 했는데, 이제는 그런 꿈도 꾸지 않는다. 기억조차 아득해서 내가 엄마라고 부르던 여인, 열 달 동안 나를 뱃속에 가지고 있다가 낳아준 여인이 과연 있기나 있었던가 의심스러울 정도이다.

그런데 내가 쓴 과거의 원고를 통해 거의 지금 내 나이 또래의 어머니를 다시 만나게 되니 어머니에 대한 참을 수 없는 그리움이 솟구쳤다. 어머니를 휠체어에 태워 모시고 민속촌을 구경하는 장면에서 나는 울고 또 울었는데, 그 내용은 다음과 같다.

"······민속촌 뜨락에서 어머니를 휠체어에 태우고 밀면서 나는 효성 깊은 효자처럼 구내로 들어섰는데, 솔직히 그것은 창피하고 조금은 짜증이 나는 일이었다. 어머니는 생전 처음 타는 휠체어에 익숙한 사람처럼 얌전히 앉아 있었고, 나는 인력거 인부처럼 어머니를 태운 육중한 휠체어를 밀면서 '아아, 이게 도대체 뭐야. 어머니가 나를 일부러 골탕 먹이고 있을지도 모른다'는 참으로 못돼먹은 의심을 가득 채우고 있었다. (중략) 아흔아홉 칸 집 마당에서였다. 한 떼의 중국관광객들이 안내원의 설명을 들으며 집을 둘러보고 있었는데 한 중년 사내가 아까부터 어머니와 나를 물끄러미 바라보고 있는 것을 느꼈다. 나는 왜 그가 나를 바라보고 있는지 이해가 되지 않았다. 나는 조금 창피해서 모자를 눌러 쓰고 있었는데, 그 중국인 사내는 갑자기 사진기를 들어 나를 찍었다. 우라질. 나는 낯을 붉히며 투덜거렸다. 왜 날 찍는 것일까. 중국에서 여기까지 여행을 왔으면 관광이나 할 일이지 왜 내 모습을 찍는단 말인가. 그는 나와 어머니를 물끄러미 응시하고 있었다. 어느덧 그의 눈가엔 촉촉이 물기가 젖어있었으며, 무슨 말을 할

듯 말 듯 나를 보고 있었다. 나는 순간적으로 그가 휠체어에 앉은 어머니를 돌아보며 자신의 돌아가신 어머니를 회상하고 있다고 생각했다. 그에게도 어머니가 있었으리라. 그런데 돌아가셨으리라. 살아 생전에 어머니를 모시고 이처럼 봄나들이를 나가지 못하였을 것이다. 그것이 한이 되어 애꿎은 타향에서 어머니에 대한 추억에 잠겨 있으리라……."

당시 어머니는 지금의 내 나이와 그리 많은 차이가 나지 않는 일흔 다섯 살이었다. 그런데 내가 휠체어에 태우고 밀던 어머니는 어디로 사라져 버린 것일까. 이제는 그 중국인 사내처럼 타인의 모습에서 어머니의 모습을 회상하고 있을 뿐인 것이다.

아아, 어머니. 생전에 어머니는 얼마나 외로우셨던 것일까.

어머니는 마흔 여덟에 남편을 잃고 과부가 되셨다. 아들 셋, 딸 셋을 남부럽잖게 키우셨다. 그 두터운 손의 지문이 보이지 않을 정도로 어머니는 쉴새없이 일을 하고 수고하셨다. 그런데 그 누구도 어머니를 위로하는 자식들은 없었다. 그 누구도 어머니의 말에 귀를 기울이는 자식들도 없었다. 어머니는 산 채로 고려장되셨다. 어머니는 높은 데서 떨어져 다리를 못 쓰시고, 당뇨에 합병증으로 눈도 잘 못 뜨셨는데, 어머니의 고통을 조금이라도 덜어준 자식들은 없었다. 그러한 가엾은 어머니를 이제 휠체어로 밀어드리고 싶어도 어쩔 수 없이 그 중국인 사내처럼 사진기로 찍고 있을 뿐이로구나. 나는 엄청난 죄인이로구나. 어머니의 신음소리에 귀를 가리고, 어머니의 고통에 눈을 가리고, 어머니의 모습을 애써 외면하면서 어머니를 마음의 하치장에 쓰레기처럼 방치해 두었었구나. 아아. 어머니의 입에서 탄식처럼 흘러나오던 하소연들이 요즘 내 입에서도 똑같이 흘러나오고 있구나.

그날 밤 나는 서랍을 뒤져 어머니의 편지 한 통을 찾아내었다. 어머니가 돌아가신 지 4년이 지났을 무렵 아내가 집안 청소를 하다가 발견했었던 어머니의 편지였다. 아마도 일흔 살 무렵 미국에 한 1년간 다니러 갔을 때 쓰신 편지 같은데, 나는 편지지 두 장에 볼펜으로 빽빽이 쓰신 편지를 보면서 가슴이 찢어질 것 같은 슬픔을 느꼈다. 그 내용은 다음과 같다.

"다해(다혜) 엄마에게.

두 번 편지 잘 바다보앗다. 너의 두 내위도 잘 닛고 우리 귀여운 다해, 경재(도단이의 처음 이름)도 잘 논다니 뭇어보다도 깁뿐이리로다. 이곳 여러분도 잘 지내고 영호(내 동생)네도 잘 잇다. 나도 그동안 건강하엿는데 먼 영행에 짓처서 몸살 겸 압허서 요즘 병원에 다니는 중이다. 과히 조치 않은 진단이 나와서 나로서는 마음이 불안하다. 심장도 빠르고 당노가 나오다고 하고 2, 3년 전에 바른쪽 귀가 소리가 좀 나서 괴로윈는대 학국(한국)에서 이곳 올 적에 비행기 주이를 잘못하여 두 귀를 고막을 찍는 것갓치 압흐던니 지금은 두 귀에서 소리가 넘먼나(너무나) 요란스럽게 나 잠자기도 매우 괴롭다. 병원에서는 고막이 구멍이 낫다고 하니

뇨닌(노인)이라 붓기(낫기)가 힘든다고 한다. 여기선 병원에 가는 것이 참 힌든데다 몃칠 전에 의약(예약)하고 오하라는 날자에 감으롯서 급한 환자는 더욱이나 힘들겟드라. 다해 아범도 넘머 마음 스지말고 서서히 해나가도록 노럭하고 어멈도 식모업씨 얼마나 힘이 든냐.

다해 위(외)할머니께서 좀 와 게시면 조흘 것 갓구나. 문화촌집 꽃나무 두 구루 갓따 심게 하여라. 나무 파낼 적에 가상사리(가장자리) 흑을 둥그렷게 돌려파서 가마이(가마니) 나서 흑(흙)을 싸고 쌕기줄(새끼줄) 가마서 집에 갓 둥그렷게 땅을 파고 가마니 채로 무드면 가마가 썩어서 거름이 되어 참 조흘 것시라. 가마가 업스면 장미 싸튼 짐도 널찍이 펴서 흑만 퍼지지 아케 하면 조흔이라 부탁이다. (중략) 집에 대문에도 칠을 하고 지하씨(지하실) 문도 다시 하여 달라고 하연느냐. 정화체(정화조)는 잘 나그는지 걱정이다. 하소도를 그럿케 엉텅리(엉터리)로 하니 내가 보지 안아드라면 참 크린라 변햇지(큰일날 뻔했지).

그리고 이곳 충섭이 부친(큰매형)도 취직이 되고 영표 압빠(셋째 매형)도 취직이 되어 요 갓차운(가까운) 곳으로 가니 섭섭하지만 잘되여서 가니 무엇보담도 깁뿐이라. 이곳은 1년 12달 꽃치(꽃이) 피고 새가 울고 기후가 조와서(좋아서) 살기는 조흔 곳이더라. 나는 매일 편지통 보는 것이 일과이니 종종 편지 보내라.

그럼면 난성 첨은 내가 떨니는 손으로 써서 말리나 되연는지 짐작하여 보아라. 우리 다해, 경재, 멀리 미국서 할머니가 뽀뽀한다."

일단 편지를 마친 어머니는 마지막 노파심으로 다음과 같이 덧붙이고 있었다.

"봄이 되어서 두 애가 나가 놀더라도 축대 미테서 놀니지 말고. 쇠청망(쇠철망)에 가차니 가지 않도록 주의하여라. 쇠청망이 구멍이 널버서 머리만 나가도 우염하니 잘 살펴도록 주이하여 보아라. 너희 집 애기들 놀기는 위염하니 조심하여라."

위험하니 축대 밑에서 놀지 못하게 하고, 쇠철망에 구멍이 넓으니 조심하라는 어머니의 말은 요즘 내가 손녀인 정원이에게 늘상 하고 있는 잔소리가 아닌가.

그렇다. 어머니는 30년 전에 그 편지를 내게 쓰셨다. 그런데 그 편지는 그동안 수취인불명으로 내게 도착하지 않았었다. 어머니의 편지가 내 마음의 우체통으로 도착하는 데는 꼬박 30년의 세월이 흐른 것이다. 아내 역시 도착하는 데 수십 년이 걸린 어머니의 편지를 읽고 울면서 말하였다.

"어머닌 참으로 고생이 많으셨어요. 참으로 자식들을 위해 애쓰셨어요."

나는 천국에서 온 어머니의 그 편지를 소중히 액자 속에 넣어 내 머리맡에 걸어 놓을 것이다. '다혜 아범도 너무 마음 쓰지 말고 서서히 해나가도록 노력하거라' 하신 어머니의 위로는 요즘 내 마음속에서 무지개처럼 떠오르고 있다.

1972, 가평

마음의 수술로 없애고 싶은 주름살

오래 전의 일이다. 도단이가 아직 어렸을 때의 일이었으니, 아마도 20여 년은 훨씬 넘었을 때의 일일 것이다. 어느 날 도단이가 내게 이렇게 말을 하였다.
"아빠 부탁이 있어."
"그게 뭔데."
내가 물었더니 도단이가 대답했다.
"수술 좀 해."
난데없는 말이라 어리둥절한 내가 되물었다.
"수술 좀 하라니?"
"성형수술 좀 해."
"어디를 말이냐."

그러자 도단이는 손을 들어 내 눈썹과 눈썹 사이에 있는 미간을 가리키며 말하였다.

"이곳을 말이야."

나는 도단이가 무슨 말을 하고 있는 지 여전히 알 수 없어 다시 물었다.

"그곳에 있는 무엇을 수술하라는 말이야?"

"주름살. 주름살을 수술을 해서 지워 버리라고."

보통 얼굴의 주름살은 가로로 나 있어 세월의 흔적을 말하여 준다. 그러나 양 미간에 새겨진 주름은 유독 세로로 나 있는데, 이곳은 세월의 흔적이 아니라 보통 인상을 쓰거나 짜증을 내거나 화를 낼 때 자주 사용되는 주름살로 우리가 흔히 '미간을 찌푸리다' 라는 표현을 할 때 자주 사용하는 주름살이다. 뭔가가 못마땅하고 불만이 있을 때 자연 찌푸려지는 주름살인 것이다.

20여 년 전 아들 녀석의 말이 지금에 와서도 생생히 기억되는 것은 내가 얼마나 오래 세월을 인상을 쓰면서 미간을 찌푸리면서 살아왔는가 하는 반성 때문이다. 나는 어렸을 때부터 불만에 찬 아이여서 집안의 친척들은 나를 보면 이렇게 수군거리곤 했었다.

"저 애는 왜 저렇게 인상을 쓰며 다니는 건가요?"

이 버릇은 결혼을 하고 나서도 줄곧 이어지고 있었다. 내가 인상을 쓰고 양미간을 찌푸리고 다니면 집안의 분위기가 삽시간에 우울해지고 폭풍 직전의 분위기가 온 집을 휩쓸고 있어 아내는 자주 이렇게 불평을 했다.

"어떻게 그렇게 낯을 찌푸리고 다녀요. 나도 당신처럼 인상을 써 보려고 거울 앞에 서서 이마를 찌푸리는 흉내를 내보았지만 전혀 낯이 찌푸려지지 않는데. 도대체 어떻게 하면 그렇게 찌그러질 수 있는 거야?"

아내의 말은 사실이었다. 아내는 화난 표정을 짓긴 해도 미간을 찌푸리지는 못한다.

파스칼은 말하였다.

"마음의 평화를 가져라. 그러면 그대의 표정도 자연 평화롭고 자애로워질 것이다."

파스칼의 말대로 내가 미간을 찌푸리고 일촉즉발 직전의 짜증난 표정을 하고 있는 것은 좀처럼 마음의 평화를 얻지 못하고 있기 때문일 것이다. 이런 나 자신의 얼굴에 대해 젊은 시절부터 나는 심히 못마땅해 하고 있었다. 나는 슬프거나, 화가 나거나, 우울하거나, 기쁘거나, 즐겁거나 똑같은 감정으로 평화로운 얼굴 표정을 하고 있는 사람을 부러워하고 있었다.

이른바 '포커페이스'라고 하여서 포커와 같은 노름을 할 때 좋은 카드가 들어와도, 나쁜 카드가 들어와도 전혀 내색을 하지 않는 무표정의 얼굴을 나는 도저히 연기해낼 자신이 없다. 젊은 시절 친구들과 포커를 해도 내가 좋은 카드를 가지면 친구들은 금방 낌새를 눈치채버렸으며, 내가 나쁜 패를 가지고 마치 좋은 패를 가진 것처럼 허풍을 치면 친구들은 속지 않고 오히려 베팅을 해서 항상 돈을 잃곤 했다. 내가 그 이유를 물었더니 한 친구가 간단하게 대답하였다.

"네 표정을 읽는 것은 손바닥 뒤집기보다 쉬운 일이야. 좋은 패가 들어오면 코가 벌렁거린단 말이야. 네가 아무리 심각한 표정을 짓고 있으려 해도 네 코는 좋아서 벌렁벌렁대고 있단 말이야."

친구의 말은 정확한 표현이었다. 나는 좀처럼 속의 감정을 숨기지 못한다. 조금만 기쁜 일이 있으면 얼굴에 금방 헤헤 기쁨이 넘쳐흐르고, 아주 조그만 근심거리가 있어도 금방 얼굴이 찌푸려진다. 마치 금방 비 오다 햇볕이 내리쬐고, 우박이 내리고, 눈이 내리는 변화무쌍한 날씨를 보는 것처럼 내 얼굴의 표정은 변덕 그 자체인 것이다.

그렇다고 나는 포커페이스 같은 무표정을 원하지는 않는다. 그것은 얼굴 위에 하나의 가면을 쓴 것과 같은 것이므로. 마음속에 나타나는 감정을 인위적으로 바꾸는 그런 위선적인 얼굴도 좋아하지 않는다. 가령 웃을 때도 기쁜 마음이 넘쳐흐르지 않고 빈정거리거나 업신여기는 마음이 나타나면 그것은 웃음이 아니라 비웃음이 되는 것이고, 웃을 때 입술이 벌어져 이가 보이지 않고 다만 눈으로만 웃으면 이는 뭔가 속마음을 감추고 있는 눈웃음이 되는 것이다.

나는 감정을 감추고 있는 사람을 별로 좋아하지 않는다. 기쁠

때는 얼굴에 기쁨이 넘쳐흐르고, 슬플 때면 슬픔에 젖는 그런 감정이 풍부하고 예민한 표정을 좋아하고 있다. 속으로는 살의까지 느낄 만큼 증오심을 갖고 있으면서도 겉으로는 부드럽게 웃을 수 있는 사람은 신뢰할 수 없는 사람인 것이다.

오래 전 군대 있을 때 기합을 주는 상급자에게 나는 정식으로 덤벼들어 따진 적이 있었다. 그는 내 따귀를 때리면서 웃고 있었기 때문이다. 나는 얻어맞고 넘어졌다 일어설 때마다 그 사람의 눈을 똑바로 쳐다보며 이렇게 소리쳤었다.

"웃지 마십시오, 웃지 말고 기합을 주십시오."

나는 정치가들의 눈물과 웃음에 신뢰를 갖고 있지 않다. 그것들은 하나의 전시효과를 노린 쇼맨십의 거짓에 가깝기 때문이다.

사람들은 내가 자주 웃는 사람으로 속고 있다. 어떤 사람은 내가 보기 좋은 미소까지 갖고 있다고 칭찬한다. 그럴 때마다 나는 가슴이 뜨끔거린다. 이미 아들 녀석으로부터 오래 전에 양미간의 주름살을 수술받으라고 권유받은 찌푸린 얼굴의 소유자이기 때문이다.

며칠 전 소파에 누워 TV를 보고 있노라니 아내가 화장실에서 뭔가를 들고 내게 왔다. 그것은 손거울이었다. 아내는 말없이 거울을 내 얼굴 정면에 비춰주었다.

"뭐하는 거야."

내가 볼멘소리로 물었더니 아내가 말하였다.

"당신 얼굴의 표정 좀 봐. 얼마나 찌푸리고 있는가, 한번 살펴보라고."

나는 짜증이 났지만 아내가 내민 거울 속의 얼굴을 쳐다보았다. 거울 속에는 한 사내의 얼굴이 떠오르고 있었다. 어둡고, 짜증에 가득 차 있는 얼굴이었다. 눈빛은 불만에 번득이고 있었고, 양미간의 두 갈래의 주름살은 계곡처럼 깊게 패어 있었다. 이제라도 뇌관을 건드리면 폭발할 것 같은 테러리스트의 얼굴이었다.

"당신이 그런 표정을 짓고 있으면 온 집안에 나쁜 공기가 퍼져 나간다고. 독소가 뿜어져 나온다고."

나는 파스칼의 말처럼 평화로운 표정을 갖고 싶다. 풍부한 표정과 예민한 감성의 얼굴로 항상 기쁨이 넘치는 그런 표정의 얼굴이고 싶다. 그러기 위해서는 무엇보다 마음을 평화롭게 가져야 할 것이다. 여전히 내 얼굴 위에는 불만의 주름살이 찌푸려지고 있음이니. 아아, 이 주름살을 어떻게 없앨 수 있을 것인가. 아들녀석의 말대로 이제라도 보톡스 주사라도 맞아 양미간의 주름살을 없애버릴 것인가.

도道란 다름 아닌 평상심平常心이라는 옛 선사의 말이 실감나는 요즘이다. 가능하다면 성형수술이 아닌 마음의 수술로 이 주름살을 없애버리고 싶다. 이 주름살을 없앨 수 있다면 나는 부처가 될 수 있을 것이다.

해인당 海印堂을 떠나며

지난 주 마침내 이사를 했다. 논현동 집에서 생활한 지 정확히 15년 만의 일이다.

먼젓 번 신사동 집에서도 15년을 살았으니 무려 30년 만에 아파트로 이사를 하게 된 것이다. 30년 동안 죄수 아닌 죄수로 감금 생활을 했던 아내가 주택이라면 넌덜머리가 난다고 해서 아파트로 이사를 한 것이다. 이번의 이사는 순전히 자의적인 것만은 아니었다. 논현동 집을 지을 때만해도 우리는 그곳에서 천년만년 살자고 하였다. '죽을 수에 집을 짓는다'고 하던데 우리는 지금까지 두 번이나 설계를 하고 직접 집을 지었다.

이사 온 첫날 밤. 내게 이 아파트를 추천해준 친구 휠라코리아의 윤윤수 회장이 어수선한 집으로 위로방문을 하였다. 이런저런 얘기를 나누다가 그는 내게 불쑥 이렇게 물었다. "자네 결혼하고 나서 이 집이 몇 번째 집이냐."

나는 손가락을 꼽아 보았다. 결혼하자마자 목욕탕 여탕 이층집에서 2년간 셋방살이하였고, 그 후 돈이 없어 집으로 들어가 한 1년간 더부살이 한 뒤에 현대문학상을 탄 20만 원으로 연희동에 있는 15평짜리 새마을아파트에서 2년간 세 들어 살았다.

'별들의 고향'으로 돈을 벌어 강남에 비둘기 같은 집을 짓고 다시 논현동 집을 지어 15년 살다가 이번에 이사를 하였으니, 여섯 번째의 집이었다.

"여섯 번째 집일세."

내가 대답하자 윤 회장은 대답하였다.

"자넨 운이 좋군. 난 열두 번째에 이 집으로 이사를 왔어."

지금은 유수한 기업가임에도 불구하고 젊은 시절 그가 무척 고생을 했던 것으로 알고 있던 나로서는 결혼하고 35년 동안 여섯 번밖에 이사를 하지 않은 것은 그의 말대로 행운이라고 할 수 있을 것이다.

그러나 이번의 이사에는 뭔가 께름칙한 마음의 찌꺼기가 남아 있다. 원래 새집으로 이사를 간다는 것은 가슴 설레는 기쁨이고, 축복받아야 마땅한 일인데도 우리 집 가족들은 강제로 쫓겨난 듯한 기분으로 이사를 온 느낌 때문일 것이다.

우리 가족들은 모두 논현동 집을 마음 깊이 사랑하고 있었다.

양지도 바르고 집안에 들어서면 왠지 마음이 편안해졌다. 오래전 도반인 무법스님이 우리 집에서 하룻밤을 자고는 "편안해, 아주 잠자리가 편안한 집터야" 하고 말하였을 정도로 내 느낌엔 명당 자리였다. 그래서 나는 우리 집을 '해인당海印堂'이라고 당호를 짓고 그렇게 부르곤 하였다.

나는 불교적 용어 중에 특히 해인삼매海印三昧란 말을 좋아하고 있었다. 해인삼매는 석가모니 '화엄경'을 설법하기 위해서 들어간 삼매경을 말하는 것으로 바다가 만상을 비추듯 일체를 깨달아 아는 부처의 지혜를 해인이라고 부른다. 내가 새집으로 이사를 오자 무법스님이 수덕사의 방장이셨던 원담스님에게 '해인당'이란 선필을 얻어 수백 년 된 소나무 밑둥에 이를 새겨 우리 집으로 가져온 후부터 나는 우리 집을 서슴없이 '해인당'으로 부르고 있었던 것이다.

이상하게도 해인당에서는 좋은 일만 있었던 것처럼 느껴진다. 나는 이곳에서 〈길 없는 길〉과 〈사랑의 기쁨〉, 〈왕도의 비밀〉, 〈상도〉, 〈해신〉 그리고 최근에 나온 〈어머니는 죽지 않는다〉 등 여러 권의 책을 냈었다. 이 집에서 쓴 책만 해도 5백만 부 이상 팔려 나갔던 것이다. 가장 처음에 나온 책이 〈길 없는 길〉이었는데, 그때부터 나는 책을 낼 때마다 서문에 '해인당에서'란 문구를 사용하기 시작하였다. 많은 독자들이 이를 궁금하게 여기고 있어 질문을 받기도 했는데, 내가 쓴 책 중에 '해인당에서'란 문구가 나온 것은 모두 논현동 집에서 쓴 작품이었던 것이다.

그뿐인가. 딸아이는 이곳에서 시집을 갔고 나는 사랑하는 정원이를 손녀로 갖게 되었다. 두 아이 모두 대학에 합격하였으며, 도단이는 좋은 곳에 취직까지 하였다. 그 무엇보다 이 집에서 모든 가족들이 건강하고 올바르게 성장하였다는 점이 최고의 고마움으로 남아 있다.

그래서 우리 가족들은 이 집에서 오래오래 가능하면 내가 죽을 때까지 살리라 마음을 굳히고 있었다.

그런데 이삼 년 전부터 우리 집이 있는 블록에 난개발 붐이 일기 시작하였다. 멀쩡한 집을 때려 부수고 건물들을 짓더니 우리 집 앞에 15층짜리 복합 상가건물이 들어서게 된 것이다. 도대체 어떻게 허가가 났는지 거대한 공룡 같은 건물에서 2백 세대가 넘는 4백 개의 시선이 일제히 우리 집을 훔쳐보게 되었으니 속 터질 노릇이었다. 그 뿐이 아니었다. 지난 가을에는 옆집에 6층짜리 건물을 짓기 시작하였는데 이로 인해 담장이 무너지고 집안 곳곳에 균열이 가기 시작하였다. 새벽 4시부터 터파기를 하기 시작하는데 미쳐버릴 지경이었다. 이것은 말 그대로 생지옥이었다. 정식으로 독하게 법적으로 대응하려 해도 영세한 건설업자의 형편을 뻔히 알고 있는 나로서는 모질게 공사중단을 감행할 수 없었다.

평소부터 나는 아들 녀석에게 이런 말을 했었다.

"나 죽은 후에는 이 집을 기념관으로 만들어라."

오래전 영국에서 셰익스피어의 기념관을 본 적이 있고, 일본의 곳곳에서도 잘 보존된 예술가들의 생가와 기념관들을 본 적이 있는 나로서는 이 집이 내 기념관으로 보존되면 얼마나 좋을까 하고 막연히 생각하고 있었던 것이다.

그런데 마지막으로 남아있던 옆집의 교장선생님이 항복을 하고 다른 곳으로 이사를 가자 우리도 떠밀리듯이 이사를 할 수밖에 없었던 것이다. 옛말에 '굴러들어 온 돌이 박힌 돌을 빼낸다'고 하였는데, 우리야말로 강제로 퇴출되어 이사하게 된 것이다.

새집에서 첫 밤을 보낸 다음날 도단이 녀석이 회사에서 전화를 걸어왔다.

"아빠, 우울해."

"뭐가."

"우리가 너무너무 좋아하던 집을 떠나오니 강제로 철가당한 피난민 같은 느낌이야."

"이놈아."

나는 화가 나서 말하였다.

"처음이니깐 그렇지. 새집도 지나고 보면 정이 붙고 좋아질 거야."

저명한 건축가 김중업 씨는 집에 대해 이렇게 말하고 있다.

"집에는 많은 표정이 있다. 곳에 따라, 때에 따라, 또한 시간에 따라 집의 표정은 다양하고 다채롭게 달라진다. 집이란 빛이 닿는 곳과 그림자 진 곳이 부각되어 시간에 따라 모습을 달리하는 하나의 교향시이며, 마을이란 조각건물이 함께 구성하는 때로는 웅장하고 때로는 비장한 교향시이기도 한 것이다. (중략) 집이란 지나치게 빈틈이 없이 꾸며졌다는 사실만으로는 만족하기 어려운 것. 설령 제한된 비좁은 공간일망정 터진 곳이 있어야 하며, 또한 꼭 막힌 곳이 있어야 한다. 집이란 패각貝殼과도 같아 완벽해야하나 그 속에는 생명이 울려 퍼져야 한다. 마치 그 속에서 바다의 파도소리가 울려 퍼지듯이."

우리는 아직도 해인당의 표정과 투명한 햇살이 정원에 가득히 들려오던 교향곡을 잊지 못한다. 또한 해인당이 하나의 조개껍데기가 되어 그 속에서 바다의 파도가 출렁이던 추억을 잊지 못한다.

그러나 이사란 낡은 육체를 벗고 자유로운 영혼이 다른 곳을 찾아가는 죽음과도 같은 것. 새로운 집도 시간이 흐를수록 우리에게 웅장하고 때로는 비장한 교향시를 들려 줄 것을 나는 알고 있다. 이제 남은 것은 새집의 당호를 짓는 일. '해인당'의 시대가 끝났으니 이제 나는 또다시 어떤 시대를 맞을 것인가. 바라옵건대 하느님, 새집에서도 릴케의 시처럼 더 많은 남국의 햇빛을 며칠 동안이나마 허락하시어 과일의 속살을 무르익게 하듯이 내 남은 인생에도 더 많은 작품과 더 많은 창작을 할 수 있도록 은총 내려주소서.

1972, 성남

노래의 날개를 타고 돌아온 누나

모든 가족에게는 그만이 가지고 있는 유전자가 있어 독특한 가문을 이루는데, 우리 가족들의 특성은 변호사였던 아버지를 닮아서인지 유머기질이 많다는 점이다. 다정다감하고 이성적이라기보다는 감정적으로 눈물이 많은 편인데, 또 한 가지의 특성은 모든 가족들이 노래를 잘한다는 점이다.

어렸을 때 돌아가신 아버지는 저녁이면 삼남삼녀의 아이들을 모아 놓고 즉석 노래자랑을 벌이곤 했었다. 그런 영향 때문인지 모두 노래에는 일가견이 있다. 음악 대회에 가서 유명한 테너가수가 되라고 종용까지 받은 형은 상대로 진학하여 그 꿈을 접었지만 담임선생님의 말대로 성악가의 길을 걸었다면 틀림없이 오페라 전문 가수가 될 수 있을 정도로 뛰어난 가창력을 가지고 있었다.

　나는 지금도 아침마다 온 동네가 떠나가도록 '오 솔레 미오'를 부르던 형의 그 우렁찬 발성과 파바로티도 부럽지 않은 풍부한 성량을 잊지 못한다. 유난히 고음에 자신이 있던 형은 일부러 모든 노래들을 저음에서 시작하지 않고 고음에서부터 출발했다. 아슬아슬한 마음으로 지켜보던 나는 항상 형이 그 절정을 무사히 통과할 수 있을까 조마조마하게 지켜보곤 했었다. 어느 날은 무사히 통과하고 어느 날은 쇳소리가 나곤 했다. 그럴 때면 형은 목청을 보호한다는 미명 하에 날달걀을 하나 깨 먹고 학교에 가곤 했다. 노래에 자신이 있던 형은 특히 사람이 많이 모인 곳에서 노래하기를 좋아해서 고등학교 졸업식장 안에서도 느닷없이 '오 솔레 미오'를 부르는가하면 서울대학교 졸업식장에서도 '별이 빛나건만'을 부르곤 했었다.

　그런 형님의 모습을 볼 때면 나는 자랑스럽기도 했지만 조금 부끄러웠다. 이상하게도 처음에는 이게 무슨 망발인가 하고 지켜보던 관중들은 형이 노래를 끝내면 박수를 치면서 '앙코르'를 외치는 것이 보통이었다. 클래식을 좋아하던 형님은 일반 대중가요를 부를 때에도 '사랑은 아름다워라'와 같은 세미클래식 노래를 좋아했다. 2년 전 온 가족이 유람선을 타고 알래스카 여행을 갔을 때 나는 실내 연주홀에서 형에게 노래를 신청한 적이 있었다. 형은 예전의 솜씨를 뽐내려고 노래를 불렀지만 고음에 가서는 턱에도 못 미치고 중도하차해 버려서 나는 은퇴한 야구선수의 헛스윙을 보는 것 같아 마음이 저렸다.

그에 비하면 내 동생은 한마디로 대중가수였다. 실제로 가수가 될 뻔했던 동생은 70년대 한참 유행하던 팝송과 소울 노래의 최고 가수였다. 한때 이장희 군과 보컬로도 활약했던 동생의 노래를 나는 특히 좋아하여 집에 있을 때면 통기타에 맞춰 노래 부를 것을 요구하였고 몇 시간이고 동생의 노래에 심취하곤 하였다.

내 초기 소설에 노래를 잘 부르는 주인공이 자주 나오고 있는데, 그것은 모두 동생의 영향 때문일 것이다. 그러한 명가수도 세월의 녹에는 어쩔 수가 없는가. 역시 2년 전 유람선 위에서 노래를 시켰더니, 도중에 가사까지 잊어버리는 해프닝까지 연출하여 마음이 씁쓸했던 적이 있었다.

이렇듯 명 테너와 명 가수를 형과 아우로 두고 있는 나는 그들에 비하면 형편 없는 노래 솜씨를 가지고 있다. 그래도 아주 못하는 편은 아니어서 노래방 같은 데 가서 부르면 평균 90점 이상은 나오는 편인데, 유람선 위에서 노래를 불렀을 때에는 의외로 3형제 중 내가 제일 잘 불렀다고 상품으로 열쇠고리까지 받은 것을 보면 쥐구멍에도 볕 들 날은 있는 것이다.

내 고정 레퍼토리는 두 가지 정도밖에 안 된다. 그 하나는 '애수의 소야곡'이고, 또 하나는 '사랑과 영혼'의 주제가인 '언체인

드 멜로디'이다. 이상하게도 아내는 내가 이 노래를 부르면 평소에 내게 잘 칭찬을 하지 않는 편인데도 손뼉을 치며 이렇게 말하곤 한다.

"잘 불렀어, 여보."

이렇게 우리 형제들이 노래를 잘 부르는 것은 전적으로 누나들 덕분일 것이다. 우리 집 누나들은 한결같이 노래를 좋아해서 집 안에서 노랫소리가 사라질 때가 없었다. 큰누나는 큰누나대로 일본가사로 된 유행가에서부터 가요까지, 작은누나는 전쟁 후 한창 유행하던 양키노래를 즐겨 부르곤 했었다. 돌아가신 막내 누이는 입에 항상 노래를 달고 다녀서 종달새란 별명으로 불렸다. 찬송가에서부터 유행가, 팝송에서부터 동요에 이르기까지, 막내 누이는 평생을 노래를 부르다가 종달새처럼 돌아가셨다. 나는 어렸을 때부터 누나들이 부르는 노랫소리와 합창소리에 귀가 익숙해져서 자연 모든 노래의 멜로디에 세뇌되고 있었던 것이다.

누나들은 신이 나면 한 사람은 알토, 한 사람은 소프라노가 되어서 "어제 부는 봄바람 쌓인 눈 녹이고 잔디밭엔 새싹이 파릇파릇 나고요" 하고 합창을 했다. 오죽하면 6.25전쟁 무렵 우리 가족들은 모두 청계산 계곡에서 천막을 치고 한여름을 났었는데, 그 천막 속에서도 누나들은 합창을 부르곤 했었으니까.

"꿩꿩 푸드득, 아들 낳고 딸 낳고 무얼 먹고 살았나. 앞동산에

도토리 뒷동산에 상수리 고걸 먹고 살았지."

　그 노래를 들을 때면 다섯 살의 나는 자유로이 날아다니며, 도토리도 먹고 상수리도 먹는 꿩이 한없이 부러웠을 정도였다.

　어느덧 세월이 흘러 우리 집 합창단원 중에서 큰누이와 막내누이가 죽어 무대 뒤로 사라져 버렸다. 우리 집 합창단에도 구조조정이 시작된 것이다.

　지난 달 뉴욕에 사는 누이가 왔다. 두 명의 자매가 죽어 어쩔 수 없이 솔로가수가 된 누이는 이번에는 정식으로 합창단원이 되어 세종문화회관에서 데뷔하기 위해 찾아온 것이었다. 이화여고를 졸업한 지 50주년을 맞은 누이는 이를 기념하여 미국 각지에 사는 졸업생들과 단원을 이뤄 합창을 부르기 위해서 일시 귀국했다. 로스앤젤레스와 뉴욕 등에서 온, 아줌마라기보다는 할망구들이 각자 유니폼을 맞춰 입고 서울하고도 광화문에 있는 세종문화회관의 그 넓은 홀을 빌려서 겁도 없이 극성을 떨며 합창연주회를 연다는 것이다. 둘째 누이는 80년대 후반에서부터 90년대 후반에까지 십 년 동안 우리나라에 머물러 있어 나와 애인처럼 붙어 지냈는데 5년 만에 다시 노래를 부르기 위해서 찾아온 것이다.

　무대 맨 뒷좌석에서 관람하려니까 누가 누군지 몰라 망원경을 빌려보니, 누이는 한가운데 서서 열심히 지휘자의 손끝을 따라 노래를 부르고 있었다. 노래를 부르는 누님의 모습을 보는 동안 나는 문득 전쟁 후 여의도에서 군용 비행기를 타고 유학을 떠나기 전날 밤의 기억을 떠올렸다. 아버지가 돌아가신 직후여서 집안 분위기가 어두웠다. 가족끼리 모인 모임에서 형님은 마릴린 먼로가 부른 '돌아오지 않는 강'이란 노래를 부른 것으로 기억되고, 나는 '고별의 노래'를 불렀던 것으로 기억된다.

"서편의 달이 호숫가에 질 때에 저 건너 산에 동이 트누나. 사랑빛에 잠기는 빛난 눈동자에게는 근심 띤 빛으로 편히 가시오. 친구 내 친구 어이 이별할거나. 친구 내 친구 잊지 마시오……."

노래를 부르다 말고 나는 그만 울기 시작하였다. 누나는 내 얼굴을 잡고 이렇게 말하였다.

"울지 마라. 누나는 꼭 돌아온단다."

그때 노래를 부르다 말고 울었던 기억은 두고두고 부끄러운 기억으로 남아 있었다. 무대 위에서 노래를 부르는 누나를 보자 나는 문득 로맹 롤랑이 쓴 〈장 크리스토프〉의 한 구절을 떠올릴 수 있었다.

"불멸의 음악이여, 너는 내면의 바다다. 너는 깊은 영혼이다. 음악이여, 명징한 여자친구여. 지상의 날카로운 햇빛이 반짝이는데, 지친 눈에 달빛 같은 너의 빛은 부드럽고 상쾌하다. 음악이여. 처녀이며, 어머니인 음악이여. 나의 마음을 달래주는 음악이여……."

롤랑의 말처럼 노래는 처녀이자 어머니인 것이다. 아아, 저 노래를 부르는 할망구 누나도 한때는 눈부신 젊음을 가졌던 처녀였다. 변하지 않는 것은 음악뿐이니. 음악이야말로 내면의 바다인 것이다. 노래가 끝난 후 나는 극장이 떠나가도록 박수를 치며 소리를 질렀다. 그리고 마음속으로 이렇게 부르짖었다.

"노래를 부르세요, 누나. 종달새처럼, 친구 내 친구 어이 이별할거나. 친구 내 친구 편히 가시오, 하고 내가 이별의 노래를 불렀지만 누나는 50년 전의 약속 그대로 '돌아오지 않는 강'을 건너 노래를 부르면서 돌아왔군요. 누나 사랑합니다."

새 집 예찬

오래 전에 읽은 내용이라 정확히 기억나지는 않지만 중국의 고사 중에 다음과 같은 이야기가 있다.

"춘추전국시대 때 한나라에 공주가 있었다. 시집을 가게 될 나이에 이르자 공주는 집과 부모를 떠나기 싫어 매일같이 울고 지냈다. 그러나 막상 집을 떠나 시집을 가자 새로운 생활이 너무나 즐거워 자신이 언제 울고불고했던가를 까마득하게 잊어버린다."

요즘 내 생활은 이런 변덕을 부리는 공주의 처지와 같다. 30년 가까이 살았던 단독주택을 떠나 아파트로 이사 간 것이 벌써 두 달. 처음에는 아파트로 이사를 가는 것이 못마땅하였다. 나는 평소에도 아파트와 빌라 같은 주거형태에 대해 강한 불만을 가지고 있었다.

마땅히 집은 코딱지만 할지라도 자신만의 정원을 지닌 주택이어야 한다고 나는 편견을 갖고 있었다. 값이 날로 치솟는 강남 아파트에 대한 거부감과 고급 아파트에 살고 있는 사람들의 거드름을 피우는 몸짓에 대한 거부감, 선택받은 사람들인 것처럼 이웃을 깔보며 담쌓고 지내는 주민들에 대한 거부감 등으로 나는 30년 동안이나 두 차례에 걸쳐 스스로 집을 짓고 단독주택에서 생활해 왔던 것이다.

그러다 본의 아니게 쫓겨 가듯이 아파트로 이사를 가게 되었다. 처음 며칠 간은 시집가기 싫어 울고불고하던 공주처럼 닭장 속 같은 아파트에 대해 못마땅해 하고 있었다. 주거생활의 혁명. 아내와 나는 이 새로운 생활에 대한 변화를 처음에는 즐거운 마음으로 받아들일 수가 없었던 것이다.

그런데 요즘은 다르다. 아파트로 이사 온 것이 하느님의 은총이라고 생각하기에까지 이르게 된 것이다. 고집불통인 나와 아내는 집 앞에 20층짜리 빌딩이 서건 말건 바로 옆에 6층짜리 복합상가 건물이 서건 말건, 그냥 그 집에서 늙어 죽을 때까지 살자고 했었다. 만약 새로 짓는 공사장에서 우리 집에 균열이 갈 정도로 피해를 주지 않았더라면 아내와 나는 계속 그 집에서 살았을 것이다. 이러한 고집을 알고 있는 하느님이 오묘한 방법으로 우리 부부를 아파트로 이사 보내기 위해서 그런 작전을 벌인 것 같은 느낌이 올 정도로 요즘 나와 아내는 아파트 생활에 만족하고 있다.

첫 번째 이유는 아침마다 아들 녀석을 회사에 데려다 주는 즐거움을 누리고 있다는 점이다. 아들 녀석은 8시까지 출근해야 하는 직장에 다니고 있다. 아침마다 나는 운전사가 되어 녀석을 시청 앞 직장에까지 데려다 준다. 퇴근이 늦어 별로 대화를 나눌 수 없는 아들 녀석과 30분 정도 걸리는 아침 출근길에서 이런저런 부모자식 간의 얘기를 숨김없이 나눈다는 것은 즐거운 일이다. 그리고 출판사에 도착하면 8시30분. 아파트로 이사를 간 뒤부터 글은 출판사에서 쓰기 시작하였으므로 30분 동안은 아침에 문을 여는 카페에서 혼자 커피를 마신다. 나도 모르게 '아침형 인간'이 되어 버려 정신이 맑은 오전에 대부분의 원고를 끝마칠 수 있으니 능률도 오르고, 얼마 있으면 장가를 가서 헤어질 아들 녀석과 나란히 정도 나누는 일석이조의 기쁨을 누리고 있다.

두 번째 이유는 뭐니뭐니해도 아내 때문이다. 이사를 간 뒤 아내는 오랫동안 미루고 미룬 종합검진을 받았는데, 오래 전부터 잘 아는 송유봉 박사로부터 청천벽력의 선고를 받았다. 아내의 골다공증 증상이 심해 80대 할머니의 뼈라는 것이었다. 그 말을 듣자 나는 가슴이 저미는 슬픔과 미안함을 느꼈다.

단독주택은 어쩔 수 없이 누구든 한 사람은 집을 지켜야 하는

데, 대부분 아내가 그 역할을 맡아 하고 있었다. 아내는 그 동안 주택이 주는 중압감에 제대로 먹지 못하고 영양실조와 운동 부족으로 나날이 몸이 쇠약해지고 뼈가 약해지고 있었던 것이다.

"함께 산에 가자. 제발 산에 가자구."

수년째 청계산 등반을 하고 있는 나는 언제나 아내와 함께 산에 가고 싶어 조르곤 하였지만 그것은 불가능한 일이었다. 평소 아내의 게으름을 탓했으나 솔직히 우리나라에서 단독주택의 문을 잠그고 마음대로 나돌아 다닐 주부가 어디 있겠는가. 그러니 그런 사이에 아내의 뼈가 70대도 아닌 80대의 할망구가 되어 버린 것이다.

"아이구야."

병원에 다녀오는 차 속에서 나는 우울한 표정을 짓고 있는 아내에게 농담 식으로 말하였다.

"내가 이제 보니 80대 할망구와 살고 있구나. 아이구야, 내 팔자야."

운동의 필요성을 뒤늦게 깨달은 아내는 그날 밤부터 운동을 시작하였다. 다행히 아파트의 지하에 피트니스 공간이 있다. 아령에서부터 러닝머신 등 웬만한 헬스 기구는 모두 구비되어 있다. 가운데 광장에는 작은 꽃밭까지 만들어져 있어 그야말로 천국과 같은 공간인데, 이상한 점은 항상 텅텅 비어 있다는 것이다. 2백 세대에 가까운 아파트 사람들이 살고 있는데도 그 공간이 텅텅 비어 있음을 나는 도저히 이해할 수 없다. 한 달에 단 몇천 원이라도 입장료를 받는다면 아마도 주민들은 기를 쓰고라도 운동을 하겠다고 극성을 부릴 것이다. 현대인들은 입만 열면 버릇처럼 운동부족을 외치고 있는데, 이 드넓은 공간에 그것도 공짜로 24시간 열려 있는 천국을 어째서 이용하지 않는지 나는 이해가 가지 않는다.

아내와 나는 하루에 한 시간 정도 이곳에서 운동을 한다. 30분 이상 빠른 스피드로 땀을 뻘뻘 흘리며 러닝머신을 하며, 아령도 하고, 역기도 든다. 한 달밖에 지나지 않았는데 벌써 배가 들어가고 다리에 알통이 생겨 굵어짐을 느낀다. 이러다간 요즘 말로 몸짱이 되는 게 아닐까. 가슴이 두근거릴 정도로 아내와 나는 운동하는 것이 즐겁다.

그러나 그보다 더 즐거운 것은 아내와 함께 청계산에 등산을 갈 수 있다는 점이다. 문을 걸어 잠그고 집에서 15분이면 청계산에 도착할 수 있다. 가장 가까운 약수터 앞 정자까지만 가는 것이 아내의 등산 코스인데, 성이 차지 않는 나는 아내를 그곳에 앉혀 두고 30분 정도 더 가파른 산길을 공비처럼 오른다.

"정말 산 냄새가 좋네요."

아내는 땀을 흘리며 숲 향기를 깊게 들이마신다. 아내는 게으름 때문에 등산을 못한 것이 아니라 어쩔 수 없는 입장 때문에 이 좋은 산 냄새도 맡지 못하고 안방 마님으로만 살아온 것이다.

그 점이 미안해서 나는 마음속으로 아내의 골다공증을 내가 고쳐 주리라 결심하고 있다. 아내의 골다공증을 완전히 치료해 줄 수는 없다고 해도 꾸준히 운동을 하고 등산을 한다면 아내의 살에는 근력이 붙어 탄력과 에너지가 뼈의 허약함을 충분히 커버해 줄 것이라고 믿는다.

그보다 더 행복한 것은 아내의 손을 잡고 산에 오를 수 있다는 점이다.

평소 나는 아내가 내게 팔짱을 끼어 주기를 은근히 바라고 있었다. 그런 내용에 대해 이미 〈샘터〉에 쓴 적도 있는데, 그 이후에도 아내는 절대로 손을 잡거나 팔짱을 끼는 은혜를 베풀지 않았다. 나는 그 점이 내심 섭섭했었다. 그런데 함께 산행을 하고부터는 아내가 내게 손을 맡기기 시작하였다. 마치 처음으로 몸을 허락한 연애 시절처럼. 그 이유는 단 한 가지, 내게 다정함을 나타내 보이기 위해서가 아니라 미끄러운 산에서 넘어지지 않기 위해서이다.

골다공증에는 넘어지는 것이 제일 나쁘다는 것을 어디서 주워들었는지 비상수단으로 내게 손을 맡기고 있는 것이다. 그럴 때면 나는 과장해서 세뇌작전을 펼친다.

"넘어지면 안 돼. 넘어지면 끝장이라고. 넘어지면 휠체어를 타게 돼."

어쨌거나 새로운 집으로 이사 온 후 최고의 즐거움은 아내의 손을 마음놓고 잡고, 마음놓고 등산을 하고, 저녁마다 외식을 하고 마음놓고 집으로 돌아오는 일이다.

일찍이 피천득 선생님은 '시집가는 친구의 딸에게'라는 글에서 말하였다.

"아내. 이 세상에서 아내라는 말같이 정답고 마음이 놓이고 아늑하고 편안한 이름이 또 있겠는가. 천 년 전에 영국에서는 아내를 피스위버peace-weaver라고 불렀다. 평화를 짜는 사람이란 말이다."

나는 피천득 선생님의 글처럼 새 집에서 아내가 평화를 짜기도 하지만 또 한편 자신의 건강을 짜는 '헬스위버'가 되어 주었으면 한다.

1971. 서울 동부이촌동

눈에서 멀어지면 마음에서 멀어진다?

　　　　　　서양의 격언 중에 이런 말이 있다. 'Out of sight, out of mind.' 즉 '눈에서 멀어지면 마음도 멀어진다'는 뜻이다. 자주 보지 않으면 사이가 멀어진다는 것이다.

　　실제로 우리들은 우정을 확인하기 위해서 자주 만난다. 사랑하는 사람은 사랑을 확인하기 위해서 전화를 하고, 편지를 쓰고, 꽃을 보내고, 섹스를 나눈다. 그러나 그것이 사실일까. 눈에서 멀어져 자주 만나지 않으면 마음도 자연 멀어지는 것일까. 자주 자주 만난다는 것은 혹시 자신의 외로움에 대한 불안 때문에 소외되지 않았음을 확인하는 일종의 출석부와 같은 것이 아닐까.

　　내게도 '잊을 수 없는 사람들'이 있다. 비록 자주 만나는 사람들은 아니지만 이상하게도 마음속에 새겨져 영원히 지워지지 않을 뿐 아니라 오히려 날이 갈수록 향기를 뿜어대는 사람들이다. 그들은 가끔 만나는 정도가 아니라 평생을 통해 극히 짧은 기간 동안 만난 찰나적인 인연에 지나지 않는다.

그 중의 한 사람은 〈샘터〉에도 이미 썼던 초등학교 4학년 때의 담임이셨던 이종윤 선생님이시다. 이 분은 내 인격 형성에 결정적인 영향을 미쳤던 스승으로 나는 평생 동안 선생님을 잊을 수가 없다. 1년 전일까, 어느 날 아내가 내게 말하였다.

"당신, 이종윤 선생님이라고 알아요?"

나는 깜짝 놀라 대답하였다.

"알지, 그런데?"

"오늘 그분 따님에게서 전화가 왔었어요."

나는 가슴이 철렁하였다.

"뭐라 그랬어."

"살아생전에 아버지께 당신이 자신에 대해 쓴 원고를 보여 드리면서 그렇게 사랑하는 제자와 한번 연락이라도 해보시라고 권유했더니 선생님께서 그냥 웃으시며 아니야, 그것으로 됐어, 이제 와서 새삼스럽게 무슨, 하고 손을 저으시더래요."

"살아생전이라니."

"이미 돌아가셨대요."

"언제?"

"모르겠어요."

"연락처는, 연락처는 알아 놨어?"

"아니요."

나는 순간 화가 났으나 곧 마음을 가라앉혔다. 그렇지. 이종윤 선생님의 말씀처럼 서로 마음과 마음으로 사랑을 나누었으면 됐지, 새삼스럽게 연락처를 알아 안부를 묻고 이러고저러고 얘기를 나눠서 무엇을 하겠는가.

초등학교 4학년에 불과한 어린 소년의 성급한 성격을 고쳐주기 위해서 일부러 우등상을 주지 않으셨던 이종윤 선생님. 평소에 나를 천재(이런 표현을 쓰는 것을 용서해 주기 바란다.)라고 부르면서도 이상하게 내게만큼은 준엄하셨던 선생님.

아아, 허락된다면 나는 선생님의 무덤을 한 번만 찾아가 보고 싶다. 두 번은 아니고 딱 한 번만. 딱 한 번만 찾아가 꽃을 바치고 어째서 선생님이 나를 그토록 꿰뚫어 보셨는지 그 마음을 헤아리고 싶다. 엎드려 삼배를 올리고 소주 한 잔을 올리고 싶다. 그리고 가만히 바람결에 실어서 선생님의 이름을 천천히 불러보고 싶다.

"고 맙 습 니 다, 이 종 윤 선 생 님."

또 한 사람, 내게 잊을 수 없는 사람이 있다. 그것은 나뿐 아니라 아내도 마찬가지다. 그분은 우리 부부에게 잊혀지지 않는 붙박이별이다.

그분의 이름은 박경숙 선생님. 지금 연희동에서 소아과 병원을 개업해 운영하고 계신다. 이 분과의 첫 인연은 다혜의 첫돌이 가까웠을 무렵이었다. 한 돌도 안 된 아이가 갑자기 펄펄 열이 끓어 오르기 시작하였다. 가까운 동네 병원에 갔더니 감기라 하여 주사를 맞혔지만 열은 내리지 않고 안아도 안아도 아이는 계속 울었다. 무서운 마음에 급히 세브란스병원 응급실로 데려갔더니 폐렴이라면서 바로 입원을 시켰다.

한 돌도 안 된 아이라 핏줄을 찾지 못해 이마를 찢고 링거 주사를 꽂아 넣는 것을 보고 나는 마음이 아파 울었다. 아내는 무릎에서 내려놓으면 다혜가 죽을 것만 같아 잘 때도 항상 무릎 위에 아이를 올려놓고 미륵불처럼 몇날 며칠을 보냈다. 그때 담당 의사가 바로 박경숙 선생님이셨다.

나는 그 무렵 〈별들의 고향〉이란 연재소설로 막 이름이 알려지기 시작한 신예 작가였고, 지독하게 가난한 대학 졸업반 학생이었다.

그분이 우리 부부를 귀엽게 보신 모양이었다. 아내에게 자신의 연구실에 붙어 있는 샤워실에서 목욕할 것도 권유해 주셨고, 우리 부부를 보시는 눈빛에는 남다른 정감이 흘렀다. 오랜 투병 끝에 퇴원할 때 이상하게도 병원비가 싸서 아내가 원무과에 물었던 모양이었다. 그 이유를 알고는 울먹이며 내게 말하였다.

"아 글쎄, 박경숙 선생님이 일체의 진료비를 받지 않으셨어요. 내가 고맙다고 했더니 우리 부부가 예쁘고 기특해서 그러셨

대요."

그 이후부터 나는 마음속으로 박경숙 선생님을 은인으로 생각하고 있다. 아이들 어렸을 때는 일부러 선생님의 소아과 병원이 있는 연희동으로 진료를 받으러 다녔다. 그러나 아이들이 차츰 커지자 자연 소원해지고 말았는데, 그렇다고는 해도 선생님을 어찌 잊을 수 있겠는가.

그 선생님이 며칠 전 아내에게 전화를 걸어오셨다. 최근에 나온 〈어머니는 죽지 않는다〉란 책을 읽고 너무나 반가워서 전화를 걸어 오셨다는 것이었다. 그 얘기를 듣자마자 나도 선생님에게 전화를 걸어 문안 인사를 드렸다. 예나 지금이나 씩씩한 목소리는 여전하셨다. 올해 일흔세 살의 선생님은 내게 이런 말씀을 하셨다.

"예전에 내가 의사 노릇을 할 때 환자의 마음을 너무 몰랐던 것 같아. 그것이 항상 미안하지. 10년 전일까, 예순셋쯤 되었을 때야. 그때서야 의사의 마음과 환자의 고통을 조금이나마 비로소 깨닫게 되었어. 그러니깐 그 전에는 내가 의사 노릇을 제대로 하지 못한 셈이지."

아닙니다, 하고 말을 막으려다가 나는 입을 다물었다.

그리고 속으로 중얼거려 말하였다.

'아닙니다, 선생님. 선생님이 어떻게 그런 말씀을 하세요. 선생님이 30여 년 전 진료비를 받지 않으셨던 그 마음이 제가 세상을 바라보는 마음에 깊은 신뢰를 주신 사실을 아시기나 하세요. 선생님 때문에 저는 모든 의사들을 믿고, 모든 병원을 믿으며, 이 세상이 곧 망할 것 같아도 그 밑바닥에는 따뜻한 사랑의 강물이 흐르고 있음을 믿고 있거든요.'

박경숙 선생님이 참의사가 되셨다면 그것은 선생님이 벌써 30여 년 전에 그런 씨앗을 마음의 밭에 뿌렸기 때문일 것이다.

시인 로빈스는 이렇게 노래하였다.

"내가 만일 상처받은 사람의 마음을 달래 준다면
　나의 삶은 헛되지 않으리라.
　한 사람 생명의 아픔을 편하게 해 준다거나
　괴로움을 시원하게 해 준다거나
　연약한 새를 도와
　제 보금자리로 돌아가게 한다면
　나의 사랑은 헛되지 않으리라."

이종윤 선생님과 박경숙 선생님은 상처받은 내 마음을 달래 주고, 생명의 아픔을 편하게 해 주어 연약한 새였던 나를 제 보금자리로 돌아가게 해 주신 분이었으니, 그렇다. '눈에서 멀어지면 마음에서 멀어진다'는 서양의 격언은 틀린 말인 것이다.

안녕하세요

　　　　나는 인사성이 밝은 편이다. 한번 본 사람의 얼굴은 웬만하면 기억하고, 나눈 대화까지 잘 기억한다. 그래서 다시 만났을 때 전에 나눴던 대화를 떠올려 "요즘 아드님은 잘 계십니까." "아직도 술을 많이 마십니까?"라고 내가 먼저 안부 인사를 하곤 한다.

　오래 전 읽은 내용이다. 카네기는 처음 만나 이야기를 나눈 사람의 이름을 잘 기억해서 다시 만날 때 다정히 이름을 불러 주고 인사를 나누는 것이 성공의 첫째 요인이라고 말한 적이 있다. 나는 카네기처럼 상대방의 이름까지는 잘 기억하지 못하지만 얼굴만큼은 정확히 기억한다. 물론 나는 카네기처럼 성공을 위해서 일부러 그런 태도를 취하지는 않는다.

사람과 사람 사이에서 서로 친근한 마음을 표시하는 데는 따뜻한 미소와 다정한 인사말 이상의 묘약은 없다고 생각한다. 인사를 나눌 때면 상대방이 나보다 높은 사람이건 낮은 사람이건, 나이 든 사람이건 적은 사람이건 가려서는 안 된다. 나보다 높은 사람이나 이용할 만한 위치에 있는 사람에게나 건네는 인사는 아부에 지나지 않을 것이다. 인사는 모든 사람에게 똑같이 해야 할 평등한 것이기에 어린 아이라고 인사를 생략해서는 안 된다. 인사를 먼저 하는 것은 무엇을 바라서가 아니라 우선 내가 기분이 좋아지기 때문이다.

인사는 마치 꺼진 촛불에 불을 댕기는 것과 같아서 인사를 건네고 나면 두 사람 사이에 촛불이 켜진 것처럼 마음이 따뜻해지고 정감이 흐르게 된다. 작은 행위임에도 불구하고 인사는 사람과 사람 사이를 부딪는 부싯돌과 같다. 그런데도 왜 사람들이 인사에 인색한지 그 이유를 나는 모르겠다.

'내가 어떻게 먼저 인사를 해. 나는 인사를 받는 쪽이지, 먼저 인사를 하는 것은 반드시 상대방이어야지'라고 생각하는 사람은 교만한 사람이다. 분명히 아는 사람인데도 눈인사조차 나누지 않고 피하는 사람은 고독한 사람이다. 그럴 때면 나는 일부러 찾아가서라도 악착같이 인사를 나누곤 한다.

왜냐하면 인사는 감기처럼 전염되는 것이어서 모임 같은 데서 어떤 한 사람이 마음이 담긴 인사를 시작하고 나면 곧바로 이 사람 저 사람으로 확산되어 모임 전체가 축제 분위기로 변한다는 것을 알기 때문이다.

아파트로 이사를 와서 느낀 첫인상은 사람들이 좀처럼 인사를 나누지 않는다는 사실이다. 전에 주택에 살 때에는 나는 우리 동네 모든 사람과 인사를 나누는 사이였다. 심지어 로터리에 있는 구두 수선공 아저씨와도 친했고, 저녁이면 문을 여는 포장마차 아줌마와도 친했었다. 아저씨는 내가 구두를 맡기면 최선을 다해 수선해 주었고, 아주머니는 내가 오뎅을 시키면 오늘 오뎅은 신선하지 않으니 다른 것을 먹으라고 추천해 줄 정도였다. 내가 국회의원 선거에 나갔다면 내가 살던 논현동 골목에서는 몰표가 나왔을 정도로 나는 그들과 깊은 친교를 나누고 있었다.

그러나 아파트는 판연히 달랐다. 나는 아직도 내 이웃에 어떤 사람이 살고 있는지 알지 못하고 있다. 특히 고통스러운 것은 엘리베이터에 탔을 때이다. 엘리베이터를 타고 보면 언제나 사람들이 먼저 타고 있거나 나중에 타기도 해 동승하기 마련이다. 그럴 때면 대부분 사람들은 서로 시선을 피하고 공연히 엘리베이터가 지날 때마다 명멸하는 층계의 숫자판만을 쳐다보고 있을 뿐이다.

어떻게 이럴 수 있을까. 나는 답답해서 견딜 수가 없다. 어떻게 같은 건물에 사는 이웃들이 이렇게 철저하게 시선을 피하고 묵비권을 행사할 수 있는 것인가.

톨스토이는 〈전쟁과 평화〉라는 소설에서 다음과 같이 말하고 있다.

"어떠한 때라도 인사가 부족한 것보다는 지나친 편이 낫다."

나는 톨스토이의 말에 동의한다. 인사를 나누지 않거나 대충 함으로써 부족한 것보다 좀 지나치더라도 확실하게 나누는 편이 나은 것이다.

세계 각국의 인사법은 달라서 에스키모들은 반가운 사람을 만나면 서로 뺨을 때린다고 한다. 티베트에서는 서로 혀를 내밀고, 아프리카의 마이족들은 뺨과 발바닥을 핥아 준다고 한다. 또 다른 종족들은 얼굴에 침을 뱉기도 하고, 보르네오의 민족들은 서로 콧등을 문지르는 것으로 인사를 대신한다고 한다.

나는 에스키모들처럼 엘리베이터에서 만난 사람들의 뺨을 때릴 수도 없고, 남의 부인을 부둥켜안고 뺨에 입을 맞출 수도 없다. 그러나 다정한 미소는 지을 수 있지 아니한가. 서로 말을 나누지는 않는다고 해도 한번쯤 서로의 눈을 쳐다보고 가벼운 눈인사 정도는 나눌 수 있지 아니한가.

어떤 아프리카인들은 이런 인사말을 나눈다고 한다. "스커트와 돈과 땅을." 아라비아인들의 작별인사는 "알라신의 은혜로 당신의 코에 살이 찌기를"이라고 한다. 어린아이를 하늘이 베푼 가장 큰 은혜로 생각하는 타타르인들은 이별할 때 "당신의 침대가 아이들로 충만하고 당신은 감기에 걸리지 않기를"이라고 인사하며, 바크라인들은 "당신이 열두 명의 아이를 갖기를" 이라고 한다. 믿거나 말거나 베레케인들은 이런 작별인사를 나눈다고 한다. "나는 당신이 목이 길고 살찐 아내를 얻기를 바랍니다."

굳이 이런 독특한 인사말이 아닐지라도 우리에게는 "안녕하세요"라는 간단한 인사말이 있지 않은가. 언제부터인가 나는 작은 결심을 하기 시작하였다. 엘리베이터에서 낯선 사람을 만나면 내가 먼저 인사하리라, 내가 먼저 "안녕하세요"라고 인사말을 건네리라.

그런데 이 간단한 행위도 결코 쉬운 일이 아니라는 것을 나는 뼈저리게 느낀다. 내가 누군데, 내가 얼마나 높은 사람인데, 내가 얼마나 잘살고 잘난 사람인데, 라는 자의식이 몸에 밴 사람들이 엘리베이터에 타고 있으면 나는 그만 말문이 막히고 만다. "안녕하세요" 하고 인사를 건네고 싶어도 누구에게도 방해받고 싶어 하지 않는 그들의 평화를 내가 깨트리는 것이 아닐까 하는 불안감 때문이다.

가장 쉬운 상대는 아이들과 청소년들이다. 이들이 타면 나는 "몇 층 가세요?" 묻고 그들이 원하는 층수의 단추를 눌러 준다. 그러면 대부분의 아이들은 내리면서 "안녕히 가세요"라는 작별인사를 한다. 서너 번 이런 인사를 나누게 되면 우리는 곧 친구가 된다. 젊은 사람들도 나은 편이다. 이들은 내가 인사를 건네면 쑥스러워 하면서도 금방 반응을 보인다. 나이가 들면 들수록 인사는 없어지고 반드시 숙여야 할 목은 뻣뻣해진다.

독일의 작가 뮐러는 〈독일인의 사랑〉에서 말하였다.

"우리는 거의 서로 인사를 하지 않는다. 왜냐하면 답례가 없는 인사를 하면 우리 마음이 쓰라리게 되며, 또 인사를 하고 악수한 사람과 헤어진다는 것이 얼마나 슬픈 일인가를 알고 있기 때문이다."

나는 뮐러의 말에 동의하지 않는다. 설혹 엘리베이터에서 만난 사람들에게 내가 먼저 "안녕하세요"라고 인사를 했을 때 상대방이 답례를 하지 않고 내 인사를 묵살해 버린다고 해도 그것이 내 마음을 쓰라리게 하거나 자존심을 상하게 하지 않으므로.

나는 나부터 우리 아파트에서 인사의 전도사가 되려 한다. 받거나 말거나 나는 먼저 웃고, 먼저 인사를 하고, 먼저 "안녕하세요"라고 말하고, 먼저 "안녕히 가세요"라고 작별 인사를 나누는 작은 행위를 실천하려고 노력한다.

나는 진심으로 바란다. 내 작은 인사가 모든 사람에게 전염이 되기를. 온 아파트의 주민이 밝은 마음으로 이웃을 사랑하는 공동체가 되기를. 그리하여 내가 사는 아파트가 복숭아꽃, 살구꽃, 아기진달래가 울긋불긋 피어나는 꽃대궐이 되기를.

1968, 서울 삼각지

뉴스형 인간으로부터의 자유

요즘 나는 바쁘다. 젊었을 때보다도 더 많은 일을 하고 있다. 〈서울신문〉에 '유림儒林'을 연재하고, 부산일보에 '제4의 제국'이란 소설을 연재하고 있으니, 한 달에 쓰는 원고만 해도 500매 가량 된다. 그 밖에 써야 할 고정 원고까지 합하면 600매 가량이다. 한마디로 엄청난 양이다. 거의 매일 30매 정도의 원고를 쓰지 않으면 안 된다. 그렇다고 토요일이나 일요일 같은 공휴일에도 쉴 수는 없다. 〈서울신문〉에 연재하는 소설은 '공자'에 관한 이야기이고, '제4의 제국'은 오래 전부터 구상하였던 가야에 대한 역사소설이므로 공부를 하지 않으면 소설을 계속 써내려 갈 수가 없기 때문이다. 평일 중에는 단 하루밖에 쉴 수 없는데, 이 날에는 병원에 가고 미뤄 뒀던 일들을 몰아서 하고 있다. 그러니 일주일 내내 빈 시간이 없는 셈이다.

만나는 사람들마다 어떻게 그렇게 바쁘게 살 수 있느냐고 말하고, 내게 건강을 조심하라고 타이른다. 실제로 아프면 큰일이어서 나는 건강에 각별히 신경을 쓰고 있다. 게으른 내가 벌써 독감예방 주사를 맞은 것도 그 때문이다. 감기라도 걸려서 일에 펑크가 나면 수습할 자신이 없기 때문이다.

내가 이처럼 일을 하게 된 것은 욕심 때문이 아니라 어쩌다보니 약속을 지키기 위해서 그렇게 된 것이다. 그러나 나는 요즘 행복감을 느끼고 있다.

사람들은 내게 어떻게 그렇게 무리하고 있느냐고 하지만 나는 그렇게 생각지 않는다. 아침에 눈을 뜨면 저녁에 잠들 때까지 글 쓰는 것 이외에는 다른 생각을 하지 않고 있다. 사람들을 만나고, 술을 마시고, 모임에 나가는 일들은 아예 꿈도 꾸지 않는다. 그런 일들은 나 자신의 시간뿐 아니라 일에 몰두할 수 있는 에너지를 빼앗는 쓸데없는 일임을 깨달았기 때문이다. 실제로 그런 일들은 사람을 공연히 분주하게 만든다. 자기 자신은 뭔가 사회활동을 하고 있다고 착각하고 있지만 실은 하지 않아도 되는 일종의 사교활동에 지나지 않는 것이다.

원고가 끝나는 오후 서너 시쯤이면 어김없이 청계산을 찾아가 두 시간 정도 등산을 한다. 이 즐거움이야말로 내 에너지의 원천이다. 어쩌다 산행을 거르면 벌써 에너지가 고갈되는 느낌을 받을 만큼 중독이 됐다. 집으로 돌아오면 저녁을 먹고 뉴스를 본 뒤 곧바로 잠자리에 든다. 하루에 아홉 시간 이상을 어린아이처럼 자는데, 잠이 이처럼 맛있다고 느껴 본 일은 지금껏 없었다.

어쩌다 피치 못할 술자리가 생겨서 밤늦게까지 술을 마시면 다음 날 벌써 몸이 천근처럼 무겁고 능률이 오르지 않는다. 그래서 가능하면 이 일과의 규칙을 어기지 않으려고 스스로 결심하고 있다.

저녁을 먹고 내가 꼭 빠뜨리지 않는 일은 TV를 통해 뉴스를 보는 일이다. 몇 달 전부터 나는 신문을 읽지 않기로 결심했기 때문이다. 신문사에 근무하는 내 친구나 존경하는 선배들에게는 미안하지만 나는 요즘 신문을 보지 않는다. 신문을 끊어 버리지는 않았지만 보지 않으므로 내겐 끊어 버린 것과 마찬가지다.

몇 달 전까지만 해도 나는 신문을 구석구석 찾아 읽던 '뉴스형 인간' 중의 한 사람이었다. 또한 미국 대통령 토머스 제퍼슨의 "신문 없는 정부와 정부 없는 신문 중 하나를 선택하라면 나는 지체 없이 정부 없는 신문을 선택할 것입니다"란 말처럼 신문에 대해 신뢰를 갖고 있던 '뉴스형 인간'이었다.

그런데 어느 순간 나는 신문을 보지 않는 것이 내 생활의 지평을 넓히는 지름길이라는 사실을 깨달았다. 뉴스와 정보는 한 시간의 TV 뉴스만으로도 충분하다는 사실을 느낀 것이다. 아니다. 한 시간의 TV 뉴스도 필요치 않다. 어쩌다 스치듯 지나가는 슈퍼마켓의 가판대 위에 놓인 신문의 헤드라인만 보면 충분할지도 모른다.

신문을 보지 않으면 세상에 대한 궁금증이 커질 줄 알았는데, 그게 아니었다. 오히려 마음이 편안해지고 일에 대한 집중력이 더 깊어지는 것이었다.

사실 신문은 우리에게 필요치 않은 정보를 집중투하하고 있다. 어제 일어난 한일 간의 축구 결과를 모른다고 해서 나는 세상에 뒤떨어지지 않는다. 이번 겨울의 패션 경향을 모른다고 해서 나는 유행에 뒤떨어지지 않는다. 부동산 시세와 웰빙 건강 정보를 모른다고 해서 내 건강이 나빠지지는 않는다. 수도이전을 하는 쪽이 나은가 아닌가 하는 일은 솔직히 정책당국이나 신경 쓰고, 고심 끝에 결론을 내리면 그만인 것이다. 대통령이 꼴 보기 싫다고 해서 세상은 나아지지 않으며, 대통령이 예쁘다고 해서 세상은 나빠지지 않는다. 모 시장이 받은 2억 원의 굴비 상자가 뇌물인지 아닌지는 그것을 밝히는 것을 전문으로 하고 있는 사법기관이 할 일이지 내가 흥분한다고 해서 달라질 일이 아닌 것이다. 여배우 C 양이 이혼했다는 것을 몰랐다고 해서 나는 바보가 아닌 것이다. 여당 실권자의 아버지가 일제 때 친일파 형사가 아닌가 하는 것은 국회의원들이 밝힐 일이지 내가 밝힐 일은 아닌 것이다.

신문을 읽으면 나는 흥분하게 된다. 나라가 걱정되고, 곧 망할 것 같으며, 한반도에서 핵전쟁이 일어날 것 같다. 뭔가 한마디 이 사회에 대해 날카로운 비판을 하지 않으면 지식인으로서 퇴보될 것 같은 강박관념을 느낀다. 신문을 보면 작가로서 나도 문학상을 타고 싶어지며, 다른 작가의 험담을 하고 싶게 된다. 그야말로 공연히. 신문을 보면 여배우 누가 성형 수술을 한 사실을 알게 되어 내 입에서 자연 욕설이 튀어나오게 된다. 그야말로 공연히. 신문을 보게 되면 부시도 싫어지고, 빈 라덴도 X새끼가 된다. 그야말로 공연히.

그런데 신문을 보지 않게 되니까 이 모든 것으로부터 나는 해방되었다. 나는 남을 비난하지 않게 되었으며, 관심조차 없게 되었으므로 정신의 낭비를 하지 않게 되었을 뿐 아니라 일에 더 집중하게 되었던 것이다.

십여 년 전 나는 40일간 수도원에서 성이냐시오 영성수련피정을 호되게 보낸 적이 있었다. 당시 나는 C일보에 소설을 연재하고 있었다. 어느 날 아침 침묵 중에 수도원 앞뜰을 산책하다가 무심코 배달된 C일보를 펼쳐본 후 지도신부님으로부터 질책을 받았다. 피정을 왔는데 어째서 신문을 펼쳤느냐는 것이었다. 나는 그 이유를 전혀 이해하지 못 했다.

나는 최근에야 신부님의 꾸중을 이해할 수 있게 되었다. 성철 스님의 상좌였던 원택 스님은 수행 중에 우연히 산속 암자에서 바람에 날아 온 신문지를 주워 읽었다고 성철 스님으로부터 당장 산문을 떠나라는 경책을 받았다는데, 그것은 신문을 읽는 행위가 나빠서가 아니라 세상에 대한 쓸데없는 호기심에 대한 질타가 아니었을까.

실제로 숲 속에 오두막을 짓고 자연을 벗 삼아 살았던 소로우는 "신문을 읽지 않는 사람은 행복하다. 왜냐하면 그들은 자연에 눈을 돌려 그것을 통해 신神을 보기 때문이다"라고 말했다.

이런 신문에 대한 요즘의 내 의견에 대해 오해는 하지 말기 바란다. 여전히 나는 신문 없는 정부보다는 정부 없는 신문에 더 많은 신뢰를 보내는 신문예찬자임에는 분명하다. 그러나 지나치게 신문에 의지하고 여론에 민감하여 스스로를 정보의 노예로 만드는 '뉴스형 인간'으로부터의 자유는 마땅히 우리가 선택해야 할 권리라고 생각한다.

독일의 문호 괴테는 말했다.

"신문을 안 읽게 되면서부터 나는 마음이 편해지고 실로 기분이 좋습니다. 왜냐하면 신문은 남이 하는 것만 생각하게 하고 마땅히 자기가 해야 할 의무는 잊게 하기 때문입니다."

그렇다. 5평의 방을 넓히려면 집을 부숴서 8평의 방을 신축할 것이 아니라 5평의 방을 가득 채운 쓸모없는 것을 버려 공간을 확보할 일이다. 마찬가지로 하루의 24시간은 고정되어 있다. 하루를 여유 있고 풍요롭게 보내기 위해 24시간을 26시간으로 연장할 수 없다. 하루 속에 들어 있는 쓸모없는 생각의 잡동사니들을 정리하여 시간을 확보할 수는 있을 것이다.

요즘 나는 신문을 읽지 않음으로써 시간과 공간을 훨씬 더 많이 비축하고 있다. 이것이 요즘 내가 한 달에 600매의 원고를 쓰면서도 지치지 않고 행복할 수 있는 비결 중의 하나이다.

즐거운 편지

　　　　명색이 작가면서 나는 '편지 쓰기'를 싫어한다. 아니 싫어한다기보다는 귀찮아한다는 표현이 맞을 것이다. 왜냐하면 편지의 소중함은 인정하고 있으므로.
　아내와 연애할 때는 수십 통의 편지도 보냈다. 이 낯간지러운 편지는 아직도 아내의 사물함 깊숙이 보관되어 있을 것이다. 아내가 이 편지를 보관하고 있는 것은 아득한 사랑의 추억을 간직하기 위해서가 아니라, 자신이 내게 사랑받았다는 증거를 확보해 두려는 공증 문서와 같은 역할을 하기 때문일 것이다.
　저녁식사를 차리는 주부가 그 냄새에 질려서 오히려 입맛을 잃는 것처럼, 직업이 글을 쓰는 프로작가라 원고료도 안 나오는 편지 따위에 에너지를 낭비하고 싶지 않은 것이 내가 편지 쓰기를 귀찮아하는 중요한 이유다.

그러나 편지 쓰기를 귀찮아하더라도 편지 받는 것을 싫어하는 사람은 아니다. 요즘은 컴퓨터시대라서 사라져 버렸지만 아직도 희귀식물과 같은 편지들을 드문드문 받는다. 그럴 때면 항상 가슴이 뛴다.

편지를 쓰기는 귀찮아하면서도 받는 것을 좋아하는 내 이중성격은 사랑을 하기보다 받기를 좋아하는 이기적인 성격과 무관하지 않을 것이다. 시인 유치환도 이렇게 노래하지 않았던가.

"사랑하는 것은 사랑을 받는 것보다 행복하느니라. 오늘도 나는 너에게 편지를 쓰나니……."

최근에 나는 30여 년 전 어머니로부터 받은 편지를 표구해서 글을 쓰는 책상 앞 벽에 붙여 놓았다. 그것을 볼 때마다 어머니의 초상보다도 더 깊은 목소리와 체취를 느끼는 것을 보면 편지는 그처럼 간절한 이미지를 갖고 있는 것 같다.

워싱턴 우체국 남동쪽 모서리에는 명문明文이 새겨져 있다고 한다. "소식과 지식의 전달자, 산업과 상업의 매개자, 상호면식의 추진력, 사람들 사이의 그리고 국가간의 평화와 친선의 것."

편지와 통신의 역할을 거창하게 사회와 국가적 입장에서 압축시킨 이 명문에 비해 남서쪽 모서리에는 편지의 의미를 다음과 같이 함축하고 있다.

"동정과 사랑의 전달자, 멀리 떨어진 친구들의 하인, 외로운 사람의 위로자, 흩어진 가족의 이음새, 공통된 생활의 확산자."

편지야말로 사랑의 전달자이며, 친구들과의 우정을 전달하는 하인이며 위로자인 것이다. 사랑하는 사람들 사이에 오가는 연서戀書야말로 가장 아름다운 백미인 것이다. 시인 한용운은 이 연서를 '당신의 편지'라는 제목으로 아름답게 노래하였다.

"당신의 편지가 왔다기에

꽃밭 매던 호미를 놓고 떼어 보았습니다.

그 편지는 글씨는 가늘고 글줄은 많으나 사연은 간단합니다.

만일 님이 쓰신 편지이면 글은 짧을지라도 사연은 길 터인데.

당신의 편지가 왔다기에

바느질 그릇 치워놓고 떼어 보았습니다.

그 편지는 나에게 잘 있느냐고만 묻고 언제 오신다는 말은 조금도 없습니다.

만일 님이 쓰신 편지이면 나의 일은 묻지 않더라도 언제 오신다는 말을 먼저 썼을 터인데."

한용운의 이 아름다운 시처럼 사랑하는 연인끼리 보내는 '님의 편지'는 글은 짧더라도 사연은 길 것이고, 사랑한다는 화려한 수식보다 보고 싶어 못 견디겠으니 만나자는 짧은 내용이 더 가슴을 울릴 것이다.

그런 내가 요즘 시도 때도 없이 편지를 날리고 있다. 편지를 '날린다'는 표현을 쓴 이유는 종이에 사연을 쓰고 우표를 붙여 보내는 것이 아니라 핸드폰을 통해 문자를 날리고 있기 때문이다. 요즘 젊은이들의 표현을 빌리면 핸드폰으로 편지, 즉 문자메시지를 '때리고' 있는 것이다.

나는 기계치로 불과 몇 달 전까지만 해도 전화를 걸고 받는 단순한 기능 이상은 활용하지 못 하였다. 먼젓번 것은 5년 이상 사용했던 구닥다리였는데, 지난 스승의 날 때 출판사 직원들이 나를 스승이라 착각했는지 최신 기능의 핸드폰을 선물해 주었다. 그러나 여전히 내게 핸드폰은 전화를 걸고 받는, 그 이상도 이하도 아닌 문자 그대로 들고 다니는 전화기에 불과하였다.

전화기로 사진을 찍을 수 있고, 동영상까지 촬영할 수 있는 기능이 있다는 사실을 잘 알고 있었지만 나는 목욕하는 여인을 몰래 촬영하고픈 변태가 아닌 이상 그 복잡한 기능까지 사용할 필요는 없다고 생각했다.

특히 문자메시지는 질색이었다. 간혹 핸드폰으로 문자메시지가 들어오면 반갑기도 하고 신기하기도 했지만 자판을 두드리는데 알레르기를 갖고 있는 나로서는 답신은 꿈도 꾸지 못했던 행위였다.

글씨가 악필이어서 오래 전 타자기를 하나 사서 며칠 실험해보기도 했지만, 아들놈 방에서 컴퓨터 자판을 연습하다가 때려치운 이후부터 나는 본능적으로 그것이 컴퓨터든 타자기든 핸드폰이든 자판만 보면 공포감마저 들 정도였다.

어느 날 나는 문득 이런 생각이 들었다. 핸드폰에는 불과 열 개의 자판만이 있다. 그야말로 장난감인 것이다. 이 열 개의 자판만을 활용할 수 있다면 굳이 종이에 편지를 쓰고, 봉투에 넣고, 우표를 붙이고, 우체통에 넣지 않더라도 간단하게 사연을 보낼 수 있을 것이 아니겠는가. 장편소설 쓰는 것도 아니고 40개의 글자밖에 못 쓰는 핸드폰 자막을 채우지 못한다는 것은 그야말로 바보멍텅구리가 아닐 것인가.

생각이 여기에 미치자 나는 즉시 여직원으로부터 문자메시지를 보내는 방법을 배우기 시작하였다. 불과 5분 만에 나는 ㄱㄴㄷㄹ 하나하나씩 채자採字하듯이 문자 쓰는 방법을 터득하였다. 정말 낫 놓고 ㄱ자를 배우는 쉽고도 쉬운 방법이었다.

그 이후부터 나는 재미가 들려 닥치는 대로 문자메시지를 써 보내기 시작하였다. 아마도 내가 번호를 알고 있는 주위 사람들은 나에게서 한 번 이상씩 짧은 엽서를 받았을 것이다.

비록 40여 자도 안 되는 짧은 엽서지만 문자를 써서 보내면 전화를 걸어 목소리를 듣는 것보다 받는 사람은 더 많은 기쁨을 느끼는 것 같다. 보내는 나도 내용을 압축하는 동안 마음을 담아 전할 수 있기 때문에 한용운의 시처럼 '글은 짧을 지라도 사연은 긴 님의 편지'가 되는 것을 느끼는 것이다. 회사 일에 바쁜 아들 녀석과도 하루에 한 번 편지를 교환하고 까마득히 잊었던 사람들에게도 문자메시지를 때린다.

이 얼마나 즐거운 일인가. 그렇지 않아도 각박하고 삭막한 일상생활에서 비록 전자우편이지만 마음을 담아 엽서를 보낼 수 있다는 것은.

옛날 선비들은 꽃이 피면 꽃잎에 사연을 적고 가을이 오면 편지 속에 낙엽을 동봉해서 화신花信을 보내곤 하였다. 이처럼 편지야말로 워싱턴 우체국에 새겨진 명문처럼 지친 우리들을 달래주는 위로자이자 감미로운 사랑이며 칭찬이 아닌가. 한 잔의 커피보다 한 통의 문자메시지가 격무에 지친 내 아들의 피로를 회복시켜주는 영양제가 될 수 있을 것이다.

시인 고은은 노래하였다.

"가을엔 편지를 하겠어요. 누구라도 그대가 되어 받아 주세요."

고은의 시처럼 나는 나를 아는 모든 사람들에게 끊임없이 편지를 때리고, 또 때릴 것이다. 누구라도 좋으니 그대가 되어 내가 때리는 편지에 호되게 맞아 주기를 바란다. 그리고 허락된다면 내게도 답장을 때려 주기 바란다.

35년 만에 들은 아내의 노래

 아내와 함께 산 지 어느덧 35년이다. 결혼 35주년을 산호혼식珊瑚婚式이라 한다는데, 내년이 바로 그 해가 된다. 그 뿐인가. 아내와 나는 해방둥이이니 올해로 둘 다 환갑을 맞게 된다. 그런데 이상한 것은 아직까지 아내가 한 번도 목청껏 부르는 노랫소리를 듣지 못했다는 것이다. 아내가 노래를 부르지 않는다는 사실은 이미 오래 전에 〈가족〉에 쓴 적이 있고, 이를 이명세 감독이 영화 '나의 사랑 나의 신부'에서 무단으로 도용한 적이 있어 꽤 알려진 편인데, 그 내용은 다음과 같다.

 결혼하고 나서 친구들을 불러 집들이를 하는데, 아내가 갑자기 행방불명되어 버린 것이었다. 집들이의 하이라이트는 뭐니 뭐니 해도 새 신부를 불러다가 노래도 시키고, 춤도 추게 하는 일종의 '골탕 먹이기'다. 아내가 없어지자 친구들은 난리가 났다.

"신부 어디 갔냐." "신부 죽었냐." "안 들어오면 쳐들어간다."

친구들이 난리굿을 쳐도 아내는 오리무중이었다. 화가 난 내가 찾아보니 아내는 연탄광에 숨어 있었다. 왜 숨어 있느냐고 물었더니 아내는 남 앞에서 한 번도 노래를 부른 적이 없다는 것이었다. 그럼 '학교종이 땡땡땡 어서 모여라'라도 부르고 나오라고 성화를 부렸지만 아내는 요지부동이었다. 신혼 때부터 아내를 확 휘어잡지 않으면 체면이 아니라고 생각한 나는 벌컥 화를 내었는데, 그러자 아내는 질질 짜기 시작하였다.

지금껏 남 앞에서 한 번도 노래를 부른 적이 없다는 것이었다. 초등학교 음악시간에도 입을 벙긋도 하지 않아 최악의 성적을 받았다는 것이 아내의 설명이었다. 그날 나는 아내를 대신해서 노래를 세 곡이나 연거푸 부르고, 엉덩이로 '사랑한다'는 글씨를 쓰고 나서야 겨우 해방될 수 있었다. 그 이후부터 나는 아내를 노래를 못 부르는 사람으로 생각하고 있었다.

남 앞에서 노래를 부를 때면 갑자기 목이 메는 심리적 결함을 갖고 있거나, 아니면 음정과 박자도 못 맞추는 음치일 거라고 생각하고 있었는데, 첫아이 다혜를 낳고 어느 날 나는 아내의 자장가 소리를 듣고 나서 깜짝 놀란 적이 있었다.

아내는 다혜를 재우며 '자장자장 우리 아가 자장 옥같이 어여

뻔 우리 아가야 귀여운 너 잠들 때 하느적 하느적 나비 춤춘다'
는 자장가를 부르고 있었다.

　큰 옥타브의 노래는 아니나 박자뿐 아니라 음정도 정확하고 목소리도 낭랑하였다. 그래서 나는 아내가 음치여서도 아니고 갑자기 목이 메는 심리적 원인도 아닌, 다만 남 앞에서 노래를 부른다는 사실 자체를 싫어하는 성격임을 확인할 수 있었다.

　나는 아내에게 굳이 노래 부르기를 강요하지 않는다. 어쩌다 친구 부부들과 함께 모임을 가질 때 번갈아 노래를 부를 일이 생기면 내가 아내를 대신해서 부르거나 아내 차례가 오면 갑자기 감기에 걸려 목이 쉬었다는 식으로 변명을 하곤 했다.

　아내와 둘이서 일요일마다 성당에 나가면서도 나는 아내의 목소리를 듣지 못한다. 나는 그것이 참 신기하다. 분명히 성가책을 들고 있고, 성가대의 노랫소리에 맞춰 노래를 부르고 있지만 목소리는 나오고 있지 않으니 말이다. 아내는 입만 벙긋벙긋하며 노래를 좇아가고 있을 뿐 목소리는 내지 않고 있다. 레코드를 틀어 놓고 입만 벙긋거리며 립싱크를 하는 가수들처럼 아내는 노래 부르는 흉내만 내고 있었다.

　남 앞에 나서기를 싫어하고, 자신의 존재를 드러내기 싫어하는 아내의 성격을 나는 존중한다. 하지만 태어나서 단 한 번도 목청껏 노래를 부른 적이 없다는 아내가 안쓰러워 나는 일부러 아내 곁에서 큰 소리로 목청을 높여 성가를 부른다. 그러면 자신도 모르게 아내도 목소리를 높여 따라 부르게 되지 않을까 하는 마음으로. 그러나 아내는 여전히 벙어리이다. 입만 벙긋거리는 벙어리 합창단원인 것이다.

그런데 지난 연말 아내의 노래를 듣는 혁명적 사건이 일어났다. 새로 이사 간 아파트에는 고등학교 동창생이 일곱 명이나 살고 있는데, 다섯 가족이 모여 함께 망년회를 했다. 그 중 한 친구의 부인은 H대 교수로 성격이 활달하고 유쾌하기로 유명하다. 우리는 저녁 식사를 끝내고 노래방에서 '광란의 밤'을 보내기로 했다. 무조건 노래 두 곡은 준비하고 와야 한다는 것이 그 여인의 엄명이었다. 노래에 공포를 갖고 있는 아내는 떠날 때부터 이를 걱정하고 있었다.

"어떻게 하지, 여보. 어떻게 하지……."

"걱정도 팔자다. 정 안 되면 내가 대신 불러 주면 되잖아."

나는 대수롭지 않게 생각하였는데, 실제로 그 날 정말로 '광란의 밤'이 벌어지고부터는 사정이 달라졌다. 위스키와 맥주를 섞어 마시는 신폭탄주를 제조한 그 부인은 한 잔씩 단숨에 들이켜기를 명령한 후 한 사람씩 나와서 노래를 불러야 한다고 했다. 아내는 자기 차례가 되어갈수록 울상이 되었으나 이것은 지상명령이었다. 마침내 아내의 차례가 되었을 때 나는 아내가 신혼 때처럼 어디론가 도망쳐 행방불명이 되거나 가출해 버리지 않을까 조마조마하고 있었다. 갑자기 노래방 기계에서 '꽃반지 끼고'란 노래가 흘러나왔다.

아내는 도살장에 끌려가는 소처럼 마이크를 들고 무대로 나가고 있었다. 아내를 도와주기 위해서 다른 마이크를 들고 아내 곁으로 돌진하였다. 아내와 나는 합창으로 노래를 부르기 시작하였다.

"생각난다 그 오솔길 / 그대가 만들어 준 꽃반지 끼고 / 다정히 손잡고 거닐던 오솔길이 / 이제는 가 버린 가슴 아픈 추억"

나는 아내와 노래를 부르면서 생각하였다. 비록 목청껏 부르는 노래는 아니지만 아내와 둘이서 부르는 이 노래는 도대체 얼마 만인가. 아내와 노래방에 간 것이 평생 이것이 두세 번째이니, 아내와 둘이 부르는 이 합창은 아마도 이번이 처음일 것이다. 일요일에도 못 듣던 노랫소리가 아내의 입에서 노래방 마이크를 타고 또렷또렷 흘러나오고 있었다.

노래의 가사처럼 내 가슴 속으로 그 옛날의 오솔길이 떠오르는 느낌이었다. 길가에 피어난 클로버 꽃으로 반지를 만들어 손가락에 끼고 다정히 손잡고 거닐던 오솔길. 아아 생각난다. 저 노래가 유행하던 때가 70년대 초반이던가. 빛나는 처녀였던 아내는 나보다 더 사랑했던 첫사랑의 연인과 꽃반지 끼고 오솔길을 거닐었을지도 모른다. 그것이 무슨 질투가 나랴. 아내가 처녀 시절 첫사랑의 청년과 꽃반지를 끼든, 키스를 하든, 그것은 모두가 버린 가슴 아픈 추억일 뿐.

  나는 아내를 부둥켜안았다. 그리고 아내와 함께 노래를 계속 불러 나갔다.

"생각난다 그 바닷가 / 그대와 둘이서 쌓던 모래성 / 파도가 밀리던 그 바닷가도 / 이제는 가 버린 아름다운 추억 / 정녕 떠나 버린 당신이지만 / 그대로 잊을 수 없어요 / 여기 당신이 준 꽃반지를 끼고 / 당신을 생각하며 오솔길을 걷습니다 / 그대가 만들어 준 이 꽃반지 / 외로운 밤이면 품에 안고서 / 그대를 그리네 옛 일이 생각나 / 그대는 머나먼 밤하늘의 저 별"

  노래를 부르며 나는 생각하였다. 하느님, 제가 안고 있는 이 여인은 노래의 가사처럼 머나먼 밤하늘의 저 별입니다. 알퐁스 도데의 '별'에 나오는 아름다운 문장처럼 지친 별 하나가 내 가슴에 와서 유성이 된 것입니다. 우리는 함께 꽃반지를 끼고 모래성도 쌓았습니다. 그것이 벌써 35년이 되었습니다. 언젠가는 둘 중의 하나가 먼저 정녕 떠나게 될 것입니다. 그러나 그 날이 온다 하더라도 서로를 잊지 않는 별이 될 수 있도록 은총 내려 주소서.

  베토벤은 말하였다.

"작은 뜰, 작은 예배당 그 가운데서 흘러나오는 전능하고 영원무궁한 영광을 위해 나는 노래를 작곡하고 연주하는 것이다."

베토벤의 말처럼 작은 뜰이자 작은 수도원인 아내의 몸에서 나오는 노래야말로 35년 만에 부르는 전능하고 영원무궁한 신의 영광을 위한 '장엄미사곡'이라고 나는 생각한다.

1971, 내설악

해방둥이의 운명

　　　　　　올 초부터 각 언론매체로부터 인터뷰 요청이 쇄도하고 있다.

　무슨 좌담회다, 기획프로그램이다 해서 참석해 주기를 바라는 주문도 연일 밀려들고 있다. 가능하면 대외적인 활동을 거절하고 있는 나로서는 정말 죽을 맛이다. 거절하기 힘든 사람들을 동원하여 청탁해 오니 어쩔 수 없이 인정머리 없는 매몰찬 사람이 되고 만다.

　이렇게 많은 요청이 들어 오는 이유는 올해가 광복 60주년이 되는 해이기 때문이다. 그뿐인가. 한일수교도 40주년이 되고, 을사보호조약을 맺은 지도 정확히 1백주년이 되는 특별한 해라는 것이다. 그것이 나와 무슨 상관이 있단 말인가.

문제는 내가 해방된 해, 1945년에 태어난 '해방둥이'라는 데서 비롯된 것이다. 게다가 올해는 해방둥이들이 환갑을 맞는 해이기도 하다. 신생 대한민국의 나이와 일치하고 있으니 나야말로 대한민국의 나이테인 것이다. 따지고 보면 내가 해방된 해에 태어남으로써 해방둥이가 되었다는 사실은 운명적인 것이다.

민족정신이 그다지 투철하지 않았던 아버지는 내가 알기로는 일제 말기에 최씨 성을 버리고 향촌香村이란 문학적인 성으로 개명하였는데, 만약 내가 서너 달만 먼저 태어났어도 내 이름은 향촌인호香村仁浩로 불렸을 것이다. 그런 의미에서 나는 신생 대한민국사관학교의 제1기생이며 또한 한글세대의 선두주자인 셈이다.

젊었을 때는 해방둥이라고 불리는 사실이 싫었다. 무슨 상품에 붙은 라벨처럼 나하고는 상관 없는 상표가 따라붙은 느낌이 들었기 때문이다. 그래서 나는 이렇게 반문하곤 했다.

"해방둥이가 나하고 무슨 상관이란 말인가. 그것은 운명의 장난일 뿐이다. 운명의 여신이 나를 그렇게 선택한 것뿐이다."

악성 베토벤은 고난에 찬 자신의 운명을 저주하며 이렇게 말하였다.

"나는 운명의 목을 졸라 주고 싶다. 결코 운명에 짓눌리고 싶지 않다."

베토벤처럼은 아니지만 나 역시 해방둥이라고 불리는 사실에 거부감이 있었다. 8.15광복이 민족의 광복은 가져왔지만 결과적으로는 민족의 분단을 초래하여, 진정한 의미의 해방은 아직 완성되지 않았다는 불만을 갖고 있었기 때문이다.

해방이라니, 도대체 뭐가 해방되었단 말인가. 일제의 노예로부터는 해방되었다고는 하지만 더 큰 고통이 우리 민족을 사로잡지 않았던가.

전후戰後 독일은 동독과 서독으로 나누어졌다. 그러나 어찌하여 일본은 남일본과 북일본으로 나누어지지 않고 애꿎은 우리나라만 남과 북으로 분단되었단 말인가. 우리와는 별로 상관없는 민주주의와 공산주의 이데올로기에 의해서 형이 동생을 죽이고, 오빠가 누이동생의 가슴에 따발총을 쏘아대는 더러운 전쟁이 일어나지 않았던가. 그런데 도대체 무슨 해방이란 말인가.

그래서 나는 해방둥이라는 신조어로 불리는 것이 싫었다. 나의 탄생이 신생 대한민국의 상서로운 길조가 되지 아니하고 불화와 갈등, 저주와 증오를 낳는 악의 종자種子 역할을 한 것만 같아서, 나는 베토벤처럼 운명의 목을 졸라 죽이고 싶은 원망을 느끼곤 했다.

어찌 6.25전쟁뿐이었으랴. 중학교 3학년 때엔 4.19가 일어났다.

해마다 생일이면 만수무강을 빌던 우리 대통령 할아버지가 쫓겨나고 파고다 공원에 세워졌던 할아버지의 동상이 종로 거리에서 질질 끌려 다니는 모습도 보았다. 워낙 어릴 때부터 시체와 붉은 피에 익숙해져 있었다고는 하지만 대학생 형들이 광화문에서 총에 맞아 붉은 피를 쏟으며 죽는 모습을 바로 코앞에서 보는 것은 충격이었다.

고등학교 때는 어느 날 아침 학교 가는 길에서 탱크도 보았다. 그리고 해 없는 날에도 색안경을 낀 가무잡잡한 군인 하나가 웃지 않는 심각한 얼굴로 혁명공약을 방송하는 것을 보았다. 그리고는 군인 세상, 군인 천지의 독재가 시작되었다.

하나 남은 건넌방을 전세로 내 주고 받은 보증금으로 등록금을 내고 대학교에 들어갔지만 10년 동안 데모하느라 한 학기도 제대로 마친 적이 없었다. 나는 대학 시절에 군대에도 갔다. 월남에 간 내 친구는 다리를 잃어 돌아왔다.

살아남은 친구들이 석유난로 하나씩을 선물로 받던 1970년대 초. 이 무렵 심각한 연애를 하고 있던 나는 아내를 만나면 키스를 하고 싶어 안달복달하였다. 목욕탕 2층집에서 신혼생활을 시작하였다. 그 가스 사형실 같은 방에 엎드려서 〈타인의 방〉을 하룻밤 만에 썼다. 그 때 이런 노래가 유행했다.

"강물은 흘러갑니다. 제3한강교 밑을. 당신과 나의 꿈을 싣고서 사랑을 싣고서~."

제3한강교가 놓이고 강남의 땅값이 폭등할 무렵에는 시청 네거리에 이런 광고탑이 세워졌다.

'경축 일억 불 수출 달성.'

절대로 웃지 않는 대통령 아저씨는 계엄령을 발표하고, 절대로 웃지 않으며 유신을 선포하였다. 그 무렵 나는 〈조선일보〉에 '별들의 고향'을 연재하고 있었는데, 어느 날 계엄군이 퇴폐적인 소설이라고 반가량을 잘라 버렸다. 시인 김지하 때문에 남산 정보부에도 끌려갔는데, 나올 때는 안에서 있었던 얘기를 절대 발설해서는 안 된다는 각서까지 쓰고 나왔다. 그때가 아마도 창 밖으로 잠수교가 보이던 무렵이었던가.

웃지 않는 대통령은 술을 마시다 총에 맞아 돌아가고, 선배들로부터 배운 수법 그대로, 그래서 그것이 죄가 되는지 모르는 막내둥이 군인 아저씨들이 총을 거꾸로 들고 일어났다. 그리고는 저 어느 봄날 남도에서 죄 없는 내 동생들이 개머리판에 맞아 쓰러지고 칼에 찔려 붉은 피를 흘렸다는 소식도 들렸다.

건국 이래로 최대의 행사라는 올림픽이 한강변에서 열리더니 한때 서슬이 퍼렇던 대통령이 머리 깎고 스님이 되어 백담사로 출가를 하는 웃지 못할 해프닝도 일어났다.

아아, 이 파란만장하고 죄 많은 시절을 예고한 해방둥이인 나. 1945년 10월 갓 태어난 내가 울었던 신생아의 고고성呱呱聲은 축복과 기쁨의 울음소리가 아니라, 이처럼 혁명과 전쟁, 쿠데타 폭동, 학살과 부정부패, 타락과 혼란을 예고하는 통금의 사이렌 소리가 아니었던가.

사이렌Siren. 그리스 신화에 나오는 바다의 요정 사이렌. 상반신은 여자이고, 하반신은 새의 모습을 하고 있는 바다의 괴물. 아름다운 노래 소리로 뱃사람을 유혹하여 잡아먹는다는 이 괴물은 오디세우스가 신하들의 귀를 막게 하고 돛대에 자신의 몸을 묶어 유혹을 물리치자 낙담하여 바다에 빠져 스스로 목숨을 끊었다는데, 그렇다면 해방둥이인 나야말로 반인반수의 괴물이 아닌가.

나는 요즘에야 내가 해방둥이란 사실에 자부심과 어느 정도 책임감을 느낀다. 나와 함께 성장한 신생 대한민국. 살다 보면 언젠가는 반드시 진정한 해방이 완성되어 남과 북이 하나가 되는 '흙 다시 만져 보고, 바닷물도 춤추는 통일의 그 날'이 오지 않겠는가.

철학자 데카르트는 폐에 염증이 생겨 스웨덴에서 임종할 무렵 독백하였다.

"오랫동안 포로가 되어 왔던 나의 영혼이여, 이제 너의 감옥으로부터 해방될 때가 닥쳤으니 이 육체의 속박으로부터 벗어나 기쁨과 용기로 이 찢어져 나가는 고통을 참으리라."

데카르트의 이 장엄한 임종사처럼 우리나라도 이제 기쁨과 용기로 이 찢어져 나가는 고통을 인내한 후, 마침내 완성된 찬란한 해방을 맞게 될 것이다.

껍질이 찢기는 아픔 없이는 새 생명이 태어날 수 없고, 캄캄한 어둠이 없이는 눈부신 태양의 신새벽이 없으리니. 운명의 여신이여, 그대가 나를 해방둥이로 점지해 준 사실에 새삼스레 찬사를 보낸다.

목욕의 즐거움

나는 목욕을 즐겨한다.
 특별하게 다른 취미가 없는데도 목욕하는 즐거움만큼은 내가 가진 유일한 사치스러운 기호嗜好이다. 집 근처에 있는 단골 목욕탕은 내가 20년 이상 드나드는 장소 중의 하나이다. 굳이 단골 목욕탕이 아니더라도 어쩌다 바쁘게 시내를 돌아다니다 한두 시간 정도 시간이 남으면 나는 인근 목욕탕을 찾아간다. 사우나에서 눈 깜짝할 사이에 목욕을 끝내고 약속 장소로 달려가곤 한다.
 이런 버릇을 사람들은 이상하게 생각한다. 남들은 목욕을 하면 기운이 빠져 온몸이 나른해진다는데 나는 이상하게도 기운이 솟는다. 마치 시금치를 먹은 뽀빠이처럼.

아내는 나의 이 취미를 못마땅하게 생각하고 있다.

태어나서 지금까지 단 한 번도 공중목욕탕에 가 본 적이 없는 아내는, 닥치는 대로 목욕탕을 찾아가 부끄러움도 없이 옷을 훌러덩훌러덩 벗어던지는 나를 몰상식한 속물로 취급한다. 특히 잘 모르는 사람과도 금방 어울려 함께 목욕하는 것을 전혀 이해하지 못하겠다고 한다.

잘 모르는 사람과도 함께 벌거벗고 목욕을 하고 나면 금방 친해진다. 서로 알몸까지 보여 주었으므로 굳이 숨길 게 없다는 심리적 친근감 때문에 급속도로 우정이 생긴다.

그런 의미에서 목욕은 내게 있어 사치스러운 취미라기보다는 일종의 중독이다.

목욕은 꼭 목욕탕에서만 하는 것이 아니다. 집에 있을 때에도 나는 거의 매일같이 목욕을 한다. 뜨거운 물에 몸을 담가 땀을 흠뻑 흘리고 난 뒤, 곧바로 얼음처럼 찬 냉탕에 몸을 담그면 온몸이 짜릿짜릿해지고 마치 각성제를 맞은 것 같은 쾌감까지 느낀다.

목욕 중의 최고는 온천욕이다. 그러나 일부러 온양이나 유성과 같은 명소를 찾아가지는 않는다. 역사 현장을 답사하다가 가까운 곳에 온천이 있으면 찾아가기는 하지만 막상 다녀오면 영 기분이 찜찜하다. 왜냐하면 그 곳은 한결같이 난장판이기 때문이다.

온천욕의 즐거움은 호젓한 곳에서 충분한 여유를 즐기면서 휴식을 취하는 데 있는데, 국내의 이름난 온천도시에서의 온천욕은 말이 그렇지 실은 전투에 가깝다. 휴식의 공간이 아니라 무슨 카바레처럼 외설적이고 퇴폐적이다.

나는 역사 다큐멘터리 작업 때문에 일본에 자주 드나드는 편이다. 일본은 뜨거운 화산의 열도라서 그런지 곳곳마다 온천이 있다. 나는 촬영이나 답사를 하다가 시간이 남으면 눈에 띄는 온천에 들를 것을 고집한다. 처음에는 목욕을 싫어하던 스태프들도 한 번 두 번 내 유혹에 말려들면 자연스레 인이 박여 나중에는 시간만 남으면 온천에 가자고 먼저 말한다.

나는 일본에서 유명한 온천을 찾아가지는 않는다. 역사의 본 고장인 오사카 근처에는 도요토미 히데요시가 자주 가던 아리마라는 온천이 있고, 규슈에는 벳부가 있고, 동경 근처에는 하코네, 이토, 아다미 같은 명소가 많이 있다. 일부러 그 곳을 찾아가지 않더라도 역사 탐방의 여정 상 자연스레 그 지역을 경유하게 마련이다. 그럴 때마다 나는 온천장에 가자고 제안을 한다.

온천 중에서도 최고는 노천온천이다.

일본에서는 이를 풍려風呂온천이라고 하는데, 답답한 실내에 만들어진 온천이 아니라 노천에 자연적으로 만들어진 야외온천이다. 눈이 오는 날엔 눈을 맞으며, 비가 오는 날엔 비를 맞으며 노천에서 뜨거운 물에 몸을 담그는 느낌은 환상적이다.

사람들은 일본에 혼욕의 습관이 있어 운이 좋으면 여자와 함께 목욕을 할 수 있다면서 내게 은근히 호기심을 보이곤 하는데, 나는 한번도 혼욕을 해 본 적은 없다. 그 대신 일본 온천에는 독특한 풍습이 있어 하루씩 번갈아 남탕을 여탕으로 바꾸고 여탕을 남탕으로 바꾸는데, 덕분에 여탕에는 실컷 들어가 보았다. 여자가 몸을 씻은 물 속에는 자연 음기가 강해 양기의 남자가 그 안에 몸을 담그면 음양의 조화가 생겨 몸에 이롭다고 그런 짓을 하는지는 모르지만 약간은 엽기적이다. 그러나 어쨌든 일본에서의 온천욕은 내가 가장 좋아하는 호사로운 취미이다.

실제로 온천욕을 하고 나면 씻은 듯이 피로감이 사라지는 것을 느낀다. 무엇에든 도가 통하기 위해서는 자주 접하는 것이 기본이라는 상식처럼 나는 어느 새 온천욕이 단순히 즐거움이라기보다는 건강에도 좋은 치료법임을 터득하고 있다. 충분히 온천욕을 하고 나면 온몸에 훈기가 하루 이상 가는 것을 느끼고 죽음보다 깊은 숙면에 빠지게 되는 것을 나는 확실히 느낀다.

일찍이 고려시대의 문신이었던 정포鄭誧는 오랫동안 토질土疾로 고생하였다. 일찍이 원나라의 사신으로 표를 올리러 갔다가 풍토병에 걸려 귀국한 후 건강을 돌보기 위해서 온천욕을 즐겨하였다. 그러한 감상이 그의 문집 〈설곡시고雪谷詩藁〉에 실려 있다.

"온천이 옛날부터 전해 내려와 욕실이 지금토록 남아 있네. 물줄기는 그리 멀리 오지 않은 듯 욕탕이 아직도 온기를 띠고 있네. 이 년 동안 토질로 고생하다가 온종일 속진俗塵을 다 씻고 나니 이 즐거움 증점曾點을 제외하고는 더불어 의논할 사람 다시없구나."

정포는 1300년대 사람이니 지금으로부터 700여 년 전에 벌써 토질을 치유하기 위해서 온천욕을 하였고, 그 즐거움을 증점과 더불어 대화로 나눈 것 같다고 비유하고 있다.

증점은 공자의 제자로 비파 연주에 뛰어난 명인이었다.

공자가 어느 날 제자들에게 각자의 포부를 물었을 때 다른 제자들은 모두 정치가가 되어 나라를 다스리겠다고 대답하였다. 증점만은 유일하게 비파를 연주하다가 "늦은 봄날 친구들과 함께 강가에 놀러가 목욕하고 바람을 쏘인 후 노래를 부르며 돌아오고 싶습니다"라고 대답함으로써 공자로부터 "나도 함께 하고 싶다吾與點也"라는 감탄을 들었던 풍류객이었다.

정포는 목욕의 즐거움을 증점이 말하였던 '강가에 놀러가 목욕한 후 노래를 부르며 돌아오는' 즐거움에 비유하였던 것이다. 목욕을 좋아하는 나의 취미는, 감히 말하자면, 정포가 비유한 증점의 기쁨과 일맥상통한다. 나도 늦은 봄날 친구와 함께 강가에서 목욕을 하고 바람을 쐰 후 노래를 부르며 돌아오고 싶다.

최근에 내가 이사 온 동네에도 뜻밖에 온천이 있는 것을 알았다.

가서 보니 물은 틀림없이 온천인데, 아쉬운 것은 사람들로 북새통을 이룬 난장판이라는 점이다. 더구나 찜질방이라는 것도 있어 남녀가 가운만 입고 반나체로 한 방에서 땀을 흘리며 누워 있는 장면은 전 세계에서 우리나라에만 있는 낯뜨거운 진풍경이다. 어쨌든 집 가까이 온천이 있다는 것이 뜻밖의 행운이다. 일주일에 한 번쯤 나는 슬리퍼를 끌고 그 곳에 가서 목욕을 하고 바람을 쐰 후, 휘파람과 노래를 부르며 돌아온다.

강운구, 수고했소.
이젠 돌아가도 좋소

　　　　　　오래 전의 일이다. 하루 종일 집안 청소를 하고 파김치가 된 아내는 손을 씻으며 혼잣말로 다음과 같이 중얼거렸다.
　"강운구, 수고했소. 이젠 집으로 돌아가도 좋소."
　참으로 뜻밖의 소리였다. 내겐 낯익은 말이었다. 그런데 대체 어디서 들은 것인지 기억이 나지 않았다. 내가 물었다.
　"어디서 많이 듣던 소린데?"
　아내가 깔깔거리며 웃었다.
　"초등학교 때 국어 교과서에 나온 문장이에요."
　순간 나는 까마득히 어린 시절 초등학교 때 읽었던 국어 교과서의 문장이 떠올랐다. 무슨 내용이었는지는 정확히 기억나지 않는다. 아마도 5, 6학년 때 같은데, 학교 청소를 다 끝낸 후 선생님이 강운구란 학생에게 했던 말이었던 것이다.

누구든 초등학교 시절 힘들게 청소를 끝낸 후 선생님의 검사를 받고 '이제 그만 집으로 돌아가도 좋다'는 말을 들었을 때 갑자기 신이 나고 기분이 좋았던 기억이 있을 것이다. 아내는 왠지 힘든 일을 끝내고 나면 그 문장이 떠오른다고 했다.

"강운구, 수고했소. 이젠 집으로 돌아가도 좋소."

아내는 모든 일을 학교 숙제하듯 하곤 한다. 선생님으로부터 화장실 청소나 교실 청소를 명령받아서 하는 듯 매사를 꼼꼼히 해치우곤 한다. 그 말을 들은 후부터 나는 아내가 힘든 일을 끝내면 이렇게 국어책 낭독하듯 말한다.

"황정숙, 수고했소. 이제 그만 집으로 돌아가도 좋소."

따지고 보면 나날의 우리 삶은 하느님이 우리에게 주는 숙제인 것 같다. 매순간 그 숙제를 충실하게 하면서 언젠가는 선생님께 숙제 검사를 받듯이 우리들이 살아온 인생의 숙제를 검사받게 될 것이다. 그러면 신은 나에게 이렇게 말할 것이다.

"최인호, 수고했소. 이젠 천국(?)에 들어가도 좋소."

나는 아내처럼 숙제에 철저한 사람을 본 적이 없다. 강박관념까지 있어서 그런지 몰라도 아내는 매사에 최선을 다한다.

장보는 것도 결사적이고, 택시를 잡는 것도 결사적이다. 반찬을 만드는 것도 결사적이고, 화장을 하는 것도 결사적이다. 매사를 숙제로 생각하고 있으니 한 가지 일을 끝낼 때마다 '강운구, 수고했소. 이젠 집으로 돌아가도 좋소'란 초등학교 때의 교과서 문장을 떠올리는 것은 당연한 일이다.

지난 달 나는 아내와 일본에 다녀왔다.

역사소설에 나오는 현장을 답사하기 위해서였는데, 여행을 떠날 때 아내는 같은 아파트에 사는 친구로부터 일본어로 번역한 불경을 구해 달라는 부탁을 받았던 모양이다. 나는 외국에 나갈 때 가능하면 그런 부탁을 받지 않으려 한다. 그런 부탁이 얼마나 스트레스 받는 일인지 잘 알고 있기 때문에 부탁도 받지 않고, 또 남들에게도 부탁을 하지 않으려 한다. 아내는 비행기를 탈 때부터 그 부탁받은 책을 적어 둔 메모지를 들고 안절부절 못하고 있었다.

우연히 오사카의 호텔방 안에서 나는 아내가 찾는 그 책을 발견할 수 있었다. 우리나라의 호텔에도 선교용으로 성경책이 있듯이 일본의 호텔에도 일본어로 번역된 불경이 책장 속에 들어 있었다. 횡재한 기분으로 그 책을 보여 줬더니 아내는 눈이 동그래졌다.

"바로 이 책이잖아. 가져가."

나는 일부러 책방에 들러 책을 사는 수고를 하지 않아도 되고, 게다가 공짜로 얻었다는 사실에 신이 나서 소리쳤다. 그러자 아내가 말하였다.

"호텔방의 비품을 슬쩍 가져가도 돼요?"

"괜찮아"

나는 머리를 끄덕였다.

"이 책들은 선교용이기 때문에 누구나 가져가도 도둑질하는 게 아니니깐 괜찮아."

그래도 아내는 뭔가 못마땅한 듯 하였다. 책을 현미경으로 관찰하듯이 꼼꼼히 뒤져 보더니, 내용은 똑같은데 친구가 써 준 발행년도와 다르다고 했다. 친구는 2004년도 최신판이 필요한데, 이 책은 8년 전에 발행된 것이라는 얘기였다.

"이 봐, 불경은 2,500년 전에 태어난 부처의 말이라고. 그러니 최신판이라 하더라도 8년 전의 책과 다를 것이 없단 말이야."

나는 재빨리 그 책을 아내의 가방 속에 집어넣었다.

그러나 아내의 숙제는 여기에서 끝나지 않았다. 이틀 뒤 도쿄의 호텔에서도 같은 책이 발견되었다.

"여기도 있네."

이번에는 5년 전에 발간된 책이었다.

나는 신이 나서 그 책을 아내에게 주었으나 아내는 여전히 친구가 메모해 준 2004년도 최신판이 아니라고 찜찜한 표정을 지었다. 아내를 안심시키기 위해서 나는 8년 전에 나온 책과 5년 전에 나온 책을 비교해가며 판형은 물론 내용의 토씨까지 바뀐 게 없다는 걸 일일이 확인하여 주었다. 아내는 이 책도 가방 속에 넣었다. 이제는 안심이다 싶어 나는 아내에게 이렇게 말하며 웃었다.

"황정숙, 수고했소. 이젠 책 걱정 마시고 집으로 돌아가도 좋소."

도쿄에서의 마지막 날. 긴자의 거리를 아오키靑木 군과 걷고 있는데, 아내가 잠깐 어디 들렀다 올 때가 있으니 시간을 좀 달라고 했다. 우리는 한 시간 뒤 백화점 2층에 있는 카페에서 만나기로 하고 헤어졌다. 시간이 남아서 나는 아오키 군과 근처에 있는 책방에 들러 신간들을 살펴보기로 하였다. 일본에 가면 주로 역사에 관한 학술서적을 사는 것이 내 취미로 한 시간 가량 책을 구경하고 몇 권을 사서 나오려는 순간, 아내가 진열대 앞에서 점원과 얘기를 나누고 있는 광경을 보았다. 아내도 나를 보았다. 아내는 나를 보더니 갑자기 방귀를 뀌다 들킨 사람처럼 크게 놀라며 후다닥 도망쳐 서점을 나가버리는 것이 아닌가.

그 날 밤, 내가 서점에는 왜 갔었냐고 물었더니 아내가 대답하였다.

"친구가 말했던 2004년도 판의 책이 있나 해서 찾아봤어요."

"그랬더니"

"없다는 거야. 비매품이래요."

"그런데 왜 나를 보자마자 도망쳐 버렸어"

"뭐라고 그럴까 봐."

나는 그런 아내의 모습을 마음 깊이 존경하고 있다. 아내는 이미 두 권의 책을 확보하였으므로 자신의 숙제를 충분히 끝냈다. 그것도 공짜로. 그러나 친구가 원하는 책을 끝까지 찾기 위해서, 신경질을 내는 나를 안심시켜 놓고 몰래 찾아간 책방에서 나를 만나자 화들짝 놀라서 도망쳐 버린 것이다.

달라이라마에게 어떤 사람이 물었다.

"종교는 한마디로 무엇입니까."

달라이라마는 이렇게 대답하였다.

"종교는 한마디로 친절입니다."

달라이라마의 말이 진리라면 아내는 친절한 사람이고 따라서 독실한 신앙인이라고 말할 수 있다.

〈고백록〉을 쓴 중세의 교부이자 위대한 사상가였던 아우구스티누스는 친절에 대해 이렇게 말하고 있다.

"남에게 친절한 일을 해 주고 은근히 채권자 같은 마음으로 그 보답을 기다리는 것은 무엇보다도 내 마음의 평화를 위하여 좋지 않다. 또 그러한 친절은 상품과 같은 것이 되어버린다. 친절은 어디까지나 순수해야 한다. 그 속에는 아무런 목적도 들어 있어서는 안 된다. 친절 그 자체가 목적이어야 한다."

어쨌거나 아내의 친구는 뜻하지 않게 책을 두 권이나 선물 받았다. 자초지종을 전해 들은 그 친구는 아내에게 이렇게 말하였다고 한다.

"황정숙 어린이, 숙제 정말 잘 끝냈어요."

여기에 나는 한마디를 덧붙이고자 한다.

"강운구, 수고했소. 이제 그만 집으로 돌아가도 좋소."

1965, 서울 뚝섬

행운을 부르는 꿈

2년 전 새해 무렵이었다.

우연히 소설가 송영 씨를 만난 적이 있었다. 참으로 오랜만이었는데 송영 씨가 나를 만나자마자 고맙다는 인사부터 하는 것이었다. 그래서 내가 물었다. "고맙다니, 형. 뭐가 고맙다는 거예요."

그러자 그는 재미있는 얘기를 해 주었다. 꽤 오래 전의 일인데 어느 날 갑자기 꿈속에서 나를 봤다는 것이었다. 나를 꿈에서 본 것이 하도 신기해서 깨어나자 복권 한 장을 샀다는 것이다. 그런데 뜻밖에도 이게 당첨이 되어 자동차 한 대를 탔다는 것이다. 1등에 당첨되었더라면 돈벼락을 맞았을 터였는데, 2등에 당첨되어 자동차를 탔으니, 고맙긴 하지만 아주 특별히 고마운 것은 아니고 보통 고맙다는 것이 송영 씨의 익살스런 표현이었다.

평소에 농담을 할 사람도 아니어서 나는 어리둥절한 느낌이었다. 그래서 내가 소리 질렀다.

"어느 차야? 나 때문에 하늘에서 굴러 떨어진 차가 어디 있냐고."

송영 씨가 말했다.

"팔아먹었다고. 벌써 오래 전의 일이라고."

믿거나 말거나 송영 씨의 말이 사실이라면 나로서는 기분이 나쁠 리가 없었다. 꿈속에서 나를 보자 그것을 행운의 길조로 여기고 복권을 샀다는 송영 씨의 마음 씀씀이도 기분 좋은 일이지만 실제로 들어맞았다니 우연의 일치인지는 몰라도 기분 나쁜 일이 아니었기 때문이었다. 다만 섭섭한 것은 그 돈을 정작 행운의 상징인 나에게는 삼칠제로 나눠 주지 않았다는 점이었다.

평소에 잘 때마다 매번 꿈을 꾸는 편이지만 내 꿈은 아직도 개꿈에 지나지 않는다. 분명히 꿈을 꾸었는데 막상 잠에서 깨어나 보면 기억도 나지 않는다. 특별한 꿈도 꾼 적 없고, 꿈이 맞거나 큰 의미를 가져 본 적도 없다. 오래 전에 큰 돼지가 집으로 들어오는 꿈을 꾼 적이 있어 주택복권인가 뭔가를 한 장 샀던 적이 있는데, 결과는 한마디로 꽝이었다. 최근에는 이상하게도 죽은 박정희 대통령을 비롯해 정치가들이 연달아 꿈속에서 자주 나타나곤 한다. 꿈에 대통령을 보면 길조라고 하여 복권을 사는 사람도 많은 모양인데, 이미 큰 돼지에게 별 효험을 못 얻은 경험이 있어서 그런지 나는 그냥 덤덤히 지나쳤다.

곰곰이 따지고 보면 꿈은 참 신비한 것이다. 지난날에 있었던 기억의 편린들이 굴절되거나 왜곡되어 꿈으로 나타나게 마련인데, 개꿈을 꾸는 나로서도 몇 개의 꿈은 생생한 기억으로 남아 있다.

십여 년 전 교통사고를 당하여 한 달 정도 누워 있었던 적이 있었다. 마침 〈길 없는 길〉이란 소설을 발간하고 1백만 부 가량 팔려 나간 직후였고 불교에 깊이 심취하고 있을 무렵이었다. 허리를 다쳐서 그 후유증으로 제대로 걷지도 못하고, 조금만 움직여도 몸이 천근처럼 무거워 미래에 대한 불안으로 마음까지 무거울 정도였다.

그러던 어느 날, 갑자기 꿈속에서 수십 명의 스님이 나타났다. 스님들은 나를 보더니 크게 놀란 모습으로 자기들끼리 뭐라고 얘기를 나눈 후 한꺼번에 나에게 덤벼들어 내 팔다리와 허리 그리고 몸을 샅샅이 주무르기 시작하였다. 꿈을 깨고 난 뒤에도 이상한 느낌이었다. 당시 수덕사 주지스님으로 있던 법성 스님에게 전화를 걸어 간밤의 꿈 이야기를 하고 해몽을 부탁하였더니 스님이 웃으며 말하였다.

"아주 좋은 꿈이네요. 몸이 쾌유될 것입니다."

그래서 그런지 몰라도 교통사고로 다친 몸은 후유증 하나 남기지 않고 완쾌되었다. 평소에 꾸는 꿈은 모두 믿을 필요 없는 개꿈이라고 여기는 나로서도 그런 특별한 꿈은 알 수 없는 미지의 세계에서 내게 내려 준 신비한 예지 같은 것이라고 생각하고 있다.

특별한 은총처럼 소중히 간직하고 있는 꿈이 몇 개 더 있는데, 그것들은 대부분 영성靈性적인 꿈이다. 두세 개 정도의 불교적인 꿈과 대여섯 개의 가톨릭적인 꿈이 그것들이다. 그런 꿈은 깨고 나면 알 수 없는 희열을 느끼게 한다.

벌써 오래 전 신년 초의 일이다. 꿈에 어머니와 둘이서 성당에서 함께 앉아 미사를 드린 적이 있었다. 꿈에서 깨어난 후 나는 돌아가신 어머니의 영혼이 내게 와서 지금은 끊어졌지만 한때는 분명히 존재하였던 모자의 인연으로 오랜만에 미사를 함께 드린 것이라고 생각하였다.

특히 1995년 9월 27일 밤에 꾼 꿈은 영원히 잊지 못할 것이다.

다큐멘터리 작업을 하기 위해서 이미 등반 허가 시기가 끝난 9월에 첩보작전처럼 우리는 은밀하게 백두산에 올라 촬영을 했다. 거의 죽을 고비를 넘기고 무사히 귀환하는 날 밤, 나는 한밤중에 빛의 폭포를 경험하였다. 이 지상의 언어와 인간이 가진 감각으로는 도저히 설명할 수 없는, 영혼에 사무치는 불가사의한 법열法悅이었다. 지금까지 나는 그 꿈에 대해서 어느 누구에게도 고백한 적도 없고, 또 꿈의 내용을 설명한다는 것도 불가능하여서 혼자만의 마음속에 간직하고 해마다 9월 27일 밤이면 혼자서 이를 기념하고 있을 뿐인데, 나는 이 꿈이 일찍이 도스토옙스키가 경험하였던 신앙 체험과 흡사한 것이라고 막연히 짐작하고 있다.

도스토옙스키는 어느 부활대주일 밤에 깊은 신앙 체험을 한 후 말하였다.

"……나는 하늘이 땅 위로 내려와 나를 완전히 감싸는 것을 체험했다. 나는 내 안에 하느님을 받아들였고 그분이 나의 전부로 침투해 오고 있음을 느꼈다. 그렇다. 나는 소리쳤다. 하느님은 존재한다. 그리고는 아무것도 더 이상 기억할 수 없었다."

영국의 작가 스티븐슨은 평소에 자신이 쓸 소설의 내용을 꿈으로 형상화하고 꿈에서 영감을 얻곤 했었다. 어느 날 아침 잠자리에 누워 있을 때 스티븐슨은 악몽에 사로잡혀 소리를 지르기 시작하였다. 이를 본 소설가의 아내는 크게 놀라 몸을 흔들어 스티븐슨을 깨웠다. 악몽에서 깨어난 스티븐슨은 화를 내며 말하였다.

"도대체 왜 잠을 깨우는 거야. 아주 중요한 스토리에서 깨우면 다음 장면이 떠오르지 않잖아. 아주 멋진 괴담을 꿈꾸고 있었는데."

스티븐슨이 꾼 무서운 괴담의 내용은 바로 요즘 한창 뮤지컬로 유행하고 있는 〈지킬 박사와 하이드〉의 내용이었다.

화가 이종상 씨에게 오래 전에 들은 이야기이다.

그는 새 작품을 구상할 때면 빈 캔버스를 앞에 두고 몇 날 며칠 잠을 잔다는 것이다. 그러면 어느 순간 캔버스에 그릴 그림의 소재가 신기하게도 꿈속에서 생생하게 떠오른다는 것이다. 이처럼 꿈에서 영감을 얻고 걸작의 스토리를 예지 받는 예술가들은 얼마나 행복할 것인가. 나는 몇 개의 영성적인 꿈을 빼놓으면 날마다 말도 안 되는 개꿈을 꾸고 있는 미숙아이다. 그러나 그런 개꿈을 나는 사랑한다.

헤밍웨이의 작품 〈노인과 바다〉에는 84일 동안 한 마리의 물고기도 잡지 못하다가 거대한 물고기를 낚았으나 상어들에게 다 뜯기고, 머리와 뼈만 남은 물고기를 끌고 돌아와 지친 몸을 침대에 누이고 잠이 들어 버리는 노인의 모습이 감동적으로 그려져 있다. 아프리카 해안을 뛰놀고 있는 사자의 꿈을 꾸는 것이 그 소설의 마지막 장면인데, 나는 사자의 꿈을 꾸지는 못하고 아직도 키가 크는 미숙아 소년처럼 절벽에서 굴러 떨어지거나 비행기에서 추락하는 꿈처럼 알 수 없는 어수선한 꿈, 즉 개꿈만을 꾸고 있다.

그렇다 하더라도 꿈속에 혹시 내가 나타나면 송영 씨의 경험으로 보더라도 행운의 상징이니, 행여 망설이지 마시고 즉시 복권을 사시기를. 그리하여 당첨되어 엄청난 대박이 굴러 들어오면 절대로 잊지 말고 7:3의 조건으로 나에게도 나눠 주시기를. 나에게 나눠 주지 않으면 십 리도 못 가서 발병 난다는 사실을 잊지 마시기를.

잘 가라, 7401[1]

 살아가다 보면 자신의 의지와 상관없이 뜻밖의 일이 생긴다. 질병이나 교통사고 같은 것이라면 불행이 되고, 복권에 당첨되거나 집값이 오르게 되면 행운이 된다.

 최근에 내게도 전혀 생각지 않았던 행운이 생겼다. 서너 달 전 아내와 외식을 하고 있는데, 잘 아는 K형을 우연히 식당 안에서 만났다. 평소에 그는 꽤 유쾌한 사람으로, 대뜸 내 곁으로 찾아와 특유의 제스처로 다음과 같이 말하는 것이었다.

 "형님, 차를 바꿀 때가 안 되었소."

 난데없는 말이어서 달리 대답할 말을 찾지 못하고 우물거리고 있자 K형은 말을 이었다.

 "형님한테 새 차를 타게 해 주고 싶어서요."

허기야 내 차는 벌써 바꿀 때가 지났다. 올해로 10년을 타고 있으니 탈 만큼은 탄 헌 차다. 지난 가을에는 고속도로 입구에서 갑자기 앞 범퍼가 한꺼번에 내려앉아 하마터면 대형사고가 날 뻔하였다. 입구에서 주저앉았으니까 망정이지 만약 고속도로 위를 달리다가 그런 일이 일어났더라면 내 차는 전복되었을 것이다.

사고 다음 날, 나는 당장 새 차를 사기 위해서 영업사원을 불러 들였다. 막 계약서에 도장을 찍으려는데, 간단한 서류가 더 필요하다고 하였다. 나는 "하루만 더 생각해 봅시다" 하고 일단 보류를 한 다음, 이튿날 용단을 내렸다. 폐차 직전의 차를 다시 수리하여 타고 다니기로. 만약 그 영업사원이 간단한 서류가 필요하다는 말을 하지 않았더라면 아마도 나는 그 날 차를 바꿨을 것이다.

그뿐인가. 새해 초 세배를 가다가 난데없이 바퀴가 내려앉았다. 공교롭게도 연휴 때라 간신히 물어물어 배터리 집을 찾아갔다. 혼자서 가게를 지키고 있던 사장은 자동차의 바퀴를 보더니 어떻게 이렇게 위험한 상태로 운행하고 있었느냐며 대뜸 나를 꾸짖기 시작하였다. 생명을 담보로 무모하기 짝이 없는 위험 운전을 했다는 것이다. 나는 잠시 망설이다가 앞바퀴 두 개를 거금을 주고 새 것으로 바꿔 버렸다. 얼마 있으면 차를 아예 바꿀 처지인데, 굳이 비싼 돈을 주고 바퀴를 바꿀 필요가 있겠는가 하는 생각도 들었지만 내일 지구가 멸망한다고 하더라도 오늘 사과나무를 심겠다는 스피노자처럼 차를 타고 있는 한 안전에는 신경 써야 할 것 같았다. 그보다 더 내 마음을 사로잡은 것은 10년 이상 나와 함께 생활을 하였던 차이고 보니, 아무리 쇳덩이라고는 하지만 마치 피가 통하는 생명체로 느껴졌기 때문이었다.

차는 내가 가는 곳이면 어디든 함께 다녔다. 내가 있는 곳이면 언제나 문 밖에서 주인이 나올 때까지 기다려 주었다. 한 마리의 애마처럼 나에게 반드시 순종하였다. 사람도 이따금 감기가 들듯이 특히 이 차는 10년 동안 서너 차례의 가벼운 감기만 들었을 뿐 장기가 썩거나 팔다리가 부러지는 치명적인 중상은 입지 않았다.

차는 아라비아의 노예처럼 튼튼하고 배신을 모르는 충신이었다. 비가 오나 바람이 부나 내가 올라타면 힘차게 달렸으며, 또한 항상 입이 무거워 주인의 모든 사생활에 대해 묵비권을 행사해 주었다. 그러한 차의 앞바퀴가 낡아 위험하다니 나의 안전을 위해서라기보다는 사랑하는 애마를 위해서라도 낡은 편자를 바꿔 줄 필요가 있었던 것이다.

"무슨 얘기요. 새 차를 타게 해 준다니?"

뚱딴지같은 말에 내가 너털웃음을 짓자 K형이 진지한 얼굴로 대답하였다

"그것도 최신형으로요. 물론 공짜로요."

K형은 반신반의하는 나를 다른 테이블로 끌고 갔다. 그곳에는 모르는 한 사람이 앉아 있었는데, 폭스바겐을 수입하는 자동차 회사의 사장이라고 했다. 우리는 악수를 하고 인사를 나눴다. K형의 설명인 즉, P사장이라는 분이 평소 내게 호감이 있었는데, 나를 새로 수입하는 신차의 홍보대사로 선정하고 싶다는 것이었다. 홍보대사라 해서 특별한 일이 있는 것이 아니라 1년 동안 차를 빌려 줄 테니, 타고만 다녀달라는 것이 P사장의 설명이었다.

"그저 타고 다니시기만 하면 됩니다. 조건은 그것뿐입니다."

나로서는 호박이 넝쿨째 굴러 들어오는 느낌이었다. 그렇지 않아도 수명이 다 되어 안전에 대해 항상 불안 불안하면서도 최씨의 옹니고집으로 한 1년은 더 타리라 이를 악물고 있었는데 신차라니, 그것도 해외에서 처음으로 수입하는 신형 모델이라니, 그것도 공짜라니.

결론적으로 말하면 지난 5월 13일 오후 2시 30분, 나는 약속대로 P라는 신차를 인수받았다. 그리고 그보다 한 시간 전인 1시 30분에 나는 생사고락을 함께하였던 애마를 정식으로 처분하였다.

그날 아침 마지막으로 차를 몰고 나서는데, 문득 가슴이 저렸다. 차와 함께 지냈던 10년 세월이 주마등처럼 내 뇌리를 스쳐 지나갔다. 동호대교 위에서 일어난 화재로 먼저 타던 차를 폐기

처분하고, 그 뒤부터 타기 시작했던 이 차는 내게 줄곧 편안함과 안락함을 주었다. 항상 침묵으로 나를 위로하였으며, 내가 외로울 때 의지가 되었다. 딸아이를 시집보냈으며, 손녀도 얻었다. 〈상도〉와 같은 초대형 베스트셀러도 이 차를 타는 동안 일어난 기쁨이었고, 30년 만에 아파트로 이사 갈 때 중요한 물건을 나르는 이삿짐차이기도 하였다. 그런데 이제 헤어지는 것이다.

내가 얼마를 살지는 모르지만 인생을 70세로만 가정해도 그 1/7을 나와 함께 보낸 다정한 벗. 차에서 흘러나오는 노랫소리는 내 벗이 나를 위해 불러주는 노래였다. 더우면 부채질해 주고, 추우면 입김을 불어 주었다. 언젠가 한겨울 절망과 고통 속에 빠져 홀로 차를 몰고 무작정 고속도로를 달려갈 때 차는 스스로 붉은 경고등을 명멸시켜 위급 신호를 보임으로써 내 흥분을 가라앉히는 지혜까지 보여주었다.

지금까지 내가 가졌던 자동차는 모두 다섯 대. 내가 운전면허를 딴 것이 1983년이었으니, 스스로 운전한 차는 이 차가 세 번째다. 차에는 묵주가 걸려 있다. 이미 20여 년 전에 죽은 내 동생 일환이가 선물로 준 묵주다. 나는 차고에 도착한 다음 차에서 묵주를 벗겨낸 후 혼자서 눈을 감고 기도하였다. 이 자동차와 함께 지냈던 지난 10년의 세월에 대해 나는 하느님께 감사하고, 감사하고, 감사하였다. 그리고 차에서 내린 후 손으로 차체를 가만히 쓰다듬어 보았다. 말갈기를 쓰다듬어 보듯.

"잘 가라."

나는 혼잣말로 중얼거리며 작별인사를 하였다.

그 날 오후 한 떼의 사람들이 찾아와서 도장을 여기저기 찍고 약간의 돈을 준 후 내 차를 몰고 어디론가 사라졌다. 나는 사라지는 내 차의 뒷모습이 보기 싫어 내다보지도 않았다. 한 시간 뒤 나는 약속대로 최신형 P차를 인수받았다.

요즈음 새 차를 몰고 다니면서 나는 최소한 차 속에서만큼은 담배를 피우지 않겠다고 결심하고 있다. 새 차의 기쁨은 이별을 나눈 옛 동무의 기억을 서서히 망각으로 몰아가고 있다.

며칠 전 아내와 새 차를 몰고 운전해 가고 있는데, 문득 아내가 내게 말하였다.

"방금 우리 앞을 스쳐간 차를 봤어?"

"못 봤는데."

"우리 차와 같은 A였어. 이제 보니 아름다운 모습이네."

"그럼."

나는 고개를 끄덕이며 맞장구쳤다.

"얼마나 아름답고 세련된 차였는데."

"혹시 우리 차가 아닐까하고 번호를 봤어. 그런데 아니었어. 우리 차는 지금쯤 어디를 달려가고 있을까."

7401. 그것이 우리와 헤어진 자동차의 번호다. 이후부터 나는 A모델의 차를 보면 버릇처럼 번호를 확인한다. 아니다. 번호를

확인하지 않더라도 한눈에 보면 척 알 수 있을 것이다. 그럴 일은 없겠지만 우연히 마주치면 내 다정한 벗은 내게 스스로 헤드라이트를 반짝반짝거리면서 인사를 할 것이다.

1965, 서울 세종로

인생은 유치찬란해

　　이 세상에 태어나 아이가 가장 먼저 받는 질문 중의 하나는 아마도 "엄마가 좋아, 아빠가 좋아?"라는 말일 것이다. 아이가 말을 배울 무렵이면 으레 그런 질문이 고문처럼 가해지기 마련이다. 아무리 어리다 할지라도 둘 중의 하나를 선택하는 고민으로 아이들은 심한 스트레스를 받는다고 한다.
　아이가 좀 약아지면 아빠가 물어 볼 때는 '아빠'라고 대답하고, 엄마가 물어 볼 때는 '엄마'라고 대답하면 그만이지만, 아이에게 이만한 요령이 생길 때면 묻는 당사자들도 이미 재미가 없어 그런 유치한 질문을 던지지 않는다.
　"엄마가 좋니, 아빠가 좋니" 하는 질문은 가장 초보적인 것으로 가족들은 아이에게 질문의 따발총을 쏘아 대기 마련이다.

"삼촌이 좋니, 이모가 좋니." "할아버지가 좋니, 할머니가 좋니." "언니가 좋니, 오빠가 좋니."

요즘 우리 집에는 도단이의 결혼 때문에 미국에서 다혜와 정원이가 함께 와 있다. 정원이를 보면 온 가족이 몰려들어 다음과 같은 청문회를 펼치곤 한다. "외할머니가 좋니, 친할머니가 좋니." "친할아버지가 좋니, 외할아버지가 좋니." "한국이 좋니, 미국이 좋니."

평소에 나는 아이들에게 그런 질문을 던지는 일은 유치한 짓이며, 아이들에게 심한 스트레스를 주는 일이라고 생각하고 있었다. 그런데 막상 손녀를 얻게 되니까 그 이상의 재미있는 질문을 발견할 수가 없다. 가령 "외할아버지가 좋니, 친할아버지가 좋니" 하고 질문을 던졌을 때 외할아버지가 좋다고 해서 의기양양해지는 것도 아니고, 친할아버지가 좋다고 해서 의기소침해지는 것이 아님에도 불구하고 그런 질문을 던진다. 대답하기 곤란해 하는 아이의 천진한 모습이 재미있어서 그러는 것이다. 아내는 정원이에게 이런 질문을 자주 던진다. "정원아, 외할머니가 좋니, 친할머니가 좋니."

그러면 정원이는 집요한 유도심문에도 불구하고 절대로 유혹에 넘어가지 않는다. 아내는 다혜가 절대로 금기시하는 초콜릿을 정원이에게 몰래 하나 손에 쥐어 주어 공범자를 만들고 난 뒤 그런 질문을 하곤 하는데, 정원이는 초콜릿 하나에 절대로 양심을 팔지 않는다.

정원이는 언제나 똑같이 대답한다.

"외할머니, 친할머니."

정원이의 대답은 외할머니, 친할머니가 똑같이 좋다는 것이었다. 이러한 외교적 발언에 넘어갈 황씨 고집이 아니어서 아내는 또 다시 묻는다.

"한 사람만 대답해라, 한 사람만. 외할머니가 좋니, 친할머니가 좋니?"

"친할머니, 외할머니. 헤헤헤."

정원이의 웃음소리는 곤란해서 얼버무리려는 지능적인 계산이다. 그러면 나도 끼어든다.

"정원아, 친할아버지가 좋니, 외할아버지가 좋니."

그러면 정원이는 이렇게 소리 지른다.

"외·할·아·버·지. 아니, 아니 친·할·아·버·지."

이런 물음은 어른과 아이 사이에 오고 가는 유치한 질문 같지만 실은 인간의 원초적 본능을 건드리는 가장 중요한 질문이며, 평생을 두고 되풀이되는 인간의 욕망 중의 하나다. 자신이 좀 더 인정받고 우월해 보이려는 욕망은 질투와 경쟁을 불러일으킨다. 따라서 '질투는 항상 남과의 비교에서 생기므로 비교가 없는 곳에는 질투도 없다'는 베이컨의 말은 진리인 것이다. 이러한 비교는 비단 물질적인 것만은 아니다. 정신적인 사랑과 우정에도 끊임없이 비교는 되풀이되고 있다. 사랑을 무게와 부피로 계산해 보려는 연인들의 입에서도 다음과 같은 질문은 터져 나오는 법이다. "자기 나 사랑해?" "사랑해." "얼마만큼?" "하늘만큼 땅만큼." "나 죽으면 다른 사람 사랑할 만큼 안 할 만큼?" "절대로 당신 이외의 사람 사랑 안 할 만큼."

사랑을 무게와 비교로 저울질하려는 인간의 속성은 사랑의 순수성을 오염시킨다. 부활한 예수가 베드로에게 "네가 이 사람들이 나를 사랑하는 것보다 더 사랑하느냐" 하고 질문한 것과 "네가 정말 나를 사랑하느냐" 하고 물은 것은 다른 제자보다 인정받고 싶어 하고 그 사랑의 무게에 대해 집착하는 베드로의 속마음을 꿰뚫어 본 예수의 준엄한 질문이다. 예수는 베드로에게 진정한 사랑은 비교(질투)와 최상급의 부사와 아무런 조건이 없음을 가르쳐 주려고 하지 않았을까.

남과 비교해 보기를 좋아하는 습성은 동서고금이나 지위고하 여부를 막론하는 것으로 세조가 양녕대군과 나눈 대화를 보면 여실히 드러나고 있다.

어느 날 세조는 양녕에게 다음과 같이 묻는다.

"나의 위무威武가 한고조에 비해 어떠하오."

이에 양녕은 대답한다.

"전하께서 비록 위무하시나 반드시 한고조처럼 선비의 관에 오줌을 누지는 않으시리다."

기분이 흡족해진 세조가 다시 물었다.

"내가 불교를 좋아하는데, 양무제에 비해 어떠하오."

"전하께서 비록 불교를 좋아하시나 밀가루로 희생을 만들어 제사를 지내지는 않으시리다."

"내가 간언을 거절하니 당태종에 비하면 어떠하오."

"전하께서 비록 간언을 물리치시나 반드시 장온고張蘊古를 죽이지는 않으시리다."

임금의 비위를 건드리지 않는 현명한 대답에 다혈질의 세조는 무척이나 마음이 흡족하였을 것이다. 감히 자신의 행동과 업적이 중국의 황제들을 능가한다는 명 대답을 듣고 기뻐하지 않을 임금이 어디 있겠는가.

최근 아들 녀석의 혼사를 앞두고 상견례 겸 온 가족이 함께 모여 뷔페 식사를 한 적이 있었다. 가족이라 봐야 모두 미국에 있으므로 모인 사람은 우리 가족과 형의 가족뿐. 그런데 공교롭게도 정원이보다 어린 두 조카딸이 함께 참석했다. 그러자 재미있는 일이 벌어졌다.

내가 무심코 조카 손주들이 귀여워 안으려 하자 먼발치에서 지켜보던 정원이가 갑자기 내 곁으로 쏜살같이 다가와 경호 책임을 맡으며 은근히 아이들의 접근을 차단하는 것이었다. 평소에는 자존심이 강해 어림도 없었던 정원이의 태도였다. 나는 그게 재미있어서 자꾸 아이들을 안으려 하자 노골적으로 정원이가 나서서 말하였다.

"비켜, 비키라고. 우리 할아버지야."

늙으면 어린아이가 된다는데, 나는 질투하는 정원이가 귀여워서 깨소금 맛이었다. 그렇지 않아도 이 세상에 나만큼 질투심이 많고 독점욕이 강한 할아버지가 있겠는가. 나하고 잘 놀다가도 제 아빠나 엄마가 나타나면 한순간에 헌신짝처럼 버림받는 일에 은근히 상처를 받고 있었는데 정원이가 외할아버지 때문에 질투를 하고 샘을 내다니, 아흐 아흐. 정말 깨소금 맛이었다.

그 날 밤 나는 집으로 돌아와 정원이에게 물어 보았다.

"정원아 외할아버지가 좋니, 친할아버지가 좋니?"

"외할아버지."

정원이는 선선히 대답했다. '이게 웬 떡이냐.' 나는 물론 그 이유를 알고 있었다. 자칫하면 외할아버지를 새로 등장한 두 라이벌에게 빼앗길지도 모른다는 강력한 위기감이 그런 대답이 나오도록 유도한 것임을. 그러나 어쨌거나 나로서는 기분이 째지는 느낌이었다. 그 때였다. 갑자기 머뭇거리던 정원이가 나를 쳐다보며 물었다.

"근데 말이야 할아버지. 나도 한 가지 물어 볼 게 있는데."

"뭘 말인데."

"근데 말이야 할아버지, 민서가 좋아 서윤이가 좋아. 아님 정원이가 좋아."

나는 놀라서 심장이 멎을 뻔하였다. 민서와 서윤이는 큰집의 조카 손주들의 이름이다. 나로서는 뒤통수를 한 대 얻어맞은 느낌이었다.

"물론 정원이가 좋지."

"얼마만큼."

나는 정원이를 머리 위에 무등을 태우고 소리쳐 말하였다.

"하늘만큼 땅만큼."

그렇다. 우리들의 인생은 유치한 것이다. 유치찬란한 것이다. 그러나 유치한 만큼, 유치찬란한 만큼 아름답고 달콤한 것이다.

사랑을 표현하는 유일한 방법

　　　　　　세계에서 가장 인사성이 밝은 민족은 아마도 일본 사람일 것이다. 일본 사람들과 인사를 나누다 보면 도대체 끝이 나지 않는다. 일본 사람이 고개를 숙이기에 나도 고개를 숙이면 그 사람이 고개를 펴려다가 다시 숙여 나도 할 수 없이 허리를 굽힐 수밖에 없게 된다.

　어릴 때 논에서 방아깨비를 잡아 두 다리를 잡고 있으면 방아깨비는 어쩔 수 없이 꺼덕꺼덕 인사를 하게 되는데, 일본 사람들의 인사법이 바로 그 방아깨비식이다. 그 방아깨비 인사법에서 벗어나는 유일한 방법은 빨리 인사를 끝내고 도망가는 것이다.

　독일의 프랑크푸르트공항은 한때 이 독특한 일본식 인사법을 볼 수 있는 관광명소로 유명했다. 유럽인들은 악수를 나누면 대

개 그것으로 작별 인사가 끝난다. 그런데 현지 주재원인 일본 상사원이 발령을 받아 다른 임지로 떠날 때 새로 주재원이 된 사람들이 전송하면서 인사하는 모습이 흥미로웠는지 언제부터인지 하나 둘 몰려들어 이들을 관광하기 시작했다. 수없이 인사를 나누고 상대방이 자신보다 더 고개를 숙인 듯싶으면 더 고개를 숙여서 나중에는 거의 땅에 닿을 듯이 수십 번 계속하는 인사법을 보기 위해 아예 진을 치고 보았던 것이다.

나에게도 그런 추억이 있다. 갓 결혼하여 연희동 새마을아파트에 살고 있을 때였다. 아내와 나는 4층에 살고 있었는데, 지금은 주택으로 빼곡하게 들어찼지만 그때는 허허벌판이어서 한겨울이면 약삭빠른 주민들이 벌판에 물을 뿌려 아이스링크를 만들어 입장료를 받고 스케이트나 썰매를 타던 호랑이 담배 먹던 시절이었다.

집을 나와 버스를 타거나 택시를 탈 때면 15분 정도 걸어 벌판을 가로 건너야 했었다. 그때 보면 아내는 창가에 서서 내가 안 보일 때까지 손을 흔들고 있었다. 이제는 들어갔나 싶어 고개를 돌려 보면 아내는 여전히 창가에 서서 손을 흔들고 있었다. 거리가 좀 더 멀어져 큰길로 나설 때가 되면 으레 마지막으로 한 번 더 돌아보곤 했는데, 그러면 아내는 여전히 창가에 서서 내가 보거나 말거나 손을 흔들고 있어 마치 망부석望夫石을 보는 느낌이었다. 나중에는 미안해서 들어가라 들어가라 손짓을 해도 요지

부동이었다.

그러던 어느 날 나는 아내의 모습에서 이상한 것을 발견하였다. 작별인사를 할 때면 사람들은 '빠이빠이' 하는 느낌으로 손바닥을 세워 들고 좌우로 흔드는 것이 보통인데, 아내의 손짓은 특별하였다. 우리가 무심코 강아지를 부를 때처럼 손가락을 앞에서 뒤로 까닥까닥하고 있음을 발견하였던 것이다. 그래서 내가 물었다.

"당신은 왜 내게 빠이빠이 하고 작별인사를 하지 않고 마치 누구를 부르는 손짓으로 작별인사를 하는 거야."

아내는 빠이빠이 하는 모습으로 손을 흔들면 헤어지는 것 같아서 싫다고 했다. 그래서 자기는 어서 돌아오라는 손짓으로 '컴온컴온' 한다는 것이었다. 일을 무사히 끝내고 어서 무사히 돌아오라고 그렇게 손을 앞에서 뒤로 흔든다는 것이다.

아내의 모습이 순진하달까 천진하달까 해서 지금은 돌아가신 큰누나에게 이를 얘기한 적이 있었다.

"누나, 집사람이 아침마다 아파트에서 벌판을 가로지를 때까지 손을 흔들어요."

"경사 났구나."

"그것도 빠이빠이하는 게 아니라 컴온, 컴온하는 식으로 손을 흔들어요."

"열녀 났구나."

요즈음에 느끼는 것 중 하나는 사람들과 다정한 인사를 나눌 때가 거의 없다는 것이다. 다들 바빠서 그런지 모르지만 전화 통화할 때도 대충 용무만 끝내면 딸카닥하고 전화를 끊는다. 그럴 때면 전화를 끊는 금속성이 마치 단두대의 칼날 소리처럼 비정하게 느껴진다. 어쩌다가 통화를 끝내고도 상대방이 수화기를 놓을 때까지 기다렸다가 조용히 전화를 끊는 사람을 볼 때가 있는데 그럴 때면 아주 사소한 일인 것 같지만 마음이 따뜻해지는 것을 느낀다.

어느 회사를 방문했을 때도 마찬가지다. 굳이 그럴 필요가 없는데도 엘리베이터까지 나를 바래다주는 사람이 있다. 그 성의는 고맙지만 엘리베이터 문이 채 닫히기도 전에 바래다 준 사람이 어느 새 사라져 버리면 나는 실연당한 것 같은 상처감을 느낀다. 엘리베이터 문이 닫힐 때까지 기다려 완전히 시야에서 안 보일 때도 눈을 맞추고 따스한 미소를 보여야 하는 것이 마땅한 예의일 것이다.

요즘엔 칵테일파티가 유행이어서 사람들은 선 채로 먹고 마시면서 악수를 하고 인사를 나눈다. 그럴 때면 나는 항상 어색함을 느끼곤 한다. 반가운 사람을 만나서 악수를 나눌 때에도 서로가 서로의 눈을 좀체 마주치지 않는다는 사실을 새삼스럽게 깨닫게 되기 때문이다. 심지어 어떤 사람은 나와 악수를 나누고 있으면서도 눈은 다른 사람과 마주치면서 '오랜만이야' 하는 듯 무성의한 인사를 한다.

함께 즐겁게 여행을 했으면서도 공항에서 헤어질 때는 눈도 마주치지 않는 냉정한 얼굴을 볼 때 나는 슬픔을 느낀다. 우리가 함께 지냈던 다정한 날들은 어차피 사적인 것이고 우연한 것이니 기억하지 말라는 쌀쌀한 거부 같은 것을 느끼면 나는 공연히 무안해진다. 남의 집을 방문했을 때 채 나오기도 전에 들려오는 찰카닥하는 도어 소리, 그리고 문을 잠그는 빗장 소리를 들으면 나는 갑자기 전율을 느낀다.

굳이 일본인들처럼 수십 번씩 계속되는 인사법은 지나치다고는 하지만 상대방이 끊기를 기다렸다가 전화를 끊는 사소한 친절, 악수를 할 때는 상대방의 눈을 마주보는 예의, 엘리베이터 문이 닫힐 때까지는 기다려 주어 잔영을 남기는 태도, 집을 방문한 손님은 최소한 안 보일 때까지 기다려 주었다가 어쩌다 돌아보는 손님의 시선과 마주쳤을 때 다정한 미소를 보여줄 수 있는 마음의 여유는 갖고 있어야 한다고 생각한다.

최근에 나는 J군을 자주 만나고 있다. J군에게서 감동을 받은 것은 함께 통화를 할 경우 나는 그가 먼저 전화를 끊는 것을 본 적이 없고, 자주 그의 사무실에 방문해도 헤어질 때면 골목길을 나설 때까지 몸을 돌려 사라지지 않고 끝까지 나를 지켜보고 있다는 점이다. 그럴 때면 나는 J군이 마음속으로 나를 믿고, 지켜주고, 보호해 주고 있다는 따뜻한 우정을 확인할 수 있다.

〈독일인의 사랑〉을 쓴 뮐러는 말하였다.

"우리는 거의 인사를 하지 않는다. 왜냐하면 답례되지 않은 인사를 하기란 우리의 마음을 쓰라리게 하며, 한번 인사를 하고 악수한 사람과 헤어진다는 것이 얼마나 슬픈 일인가 잘 알고 있기 때문이다."

서로 답례되지 않은 인사라 할지라도 우리는 예의를 갖춰 인사를 하고, 악수를 하고 헤어진다는 것이 슬픈 일이라 할지라도 우리는 정성껏 작별의 인사를 나눠야 한다. 왜냐하면 인사야말로 사람과 사람끼리의 사랑을 표현하는 유일한 방법이므로.

아들 녀석을 장가보내고 아내와 단둘이 남게 된 요즘 나는 아내에게서 옛날과 같은 애틋한 작별 인사를 받고 싶다. 그런 작별 인사를 나눌 날들도 이제 얼마 남지 않았으므로. 무사히 일을 끝내고 어서 돌아오라고 독특한 손짓을 하던 아내여. 언젠가는 그대가 돌아오라는 작별인사를 하더라도 죽음이 우리를 갈라놓을 일이 멀지 않았으므로 내가 아파트 복도를 다 지날 때까지만이라도 문 밖에서 나를 지켜봐 주구려.

1963, 서울 순화동

가족
앞모습

1판 1쇄 발행 2009년 7월 2일
1판 8쇄 발행 2018년 7월 31일

지은이 최인호
사 진 주명덕
펴낸이 김성구

단행본부 류현수 이은정 고혁
디자인 홍석훈 문인순
제 작 신태섭
마케팅 최윤호 송영호 유지혜
관 리 노신영

펴낸곳 (주)샘터사
등 록 2001년 10월 15일 제1-2923호
주 소 서울시 종로구 창경궁로35길 26 2층 (03076)
전 화 02-763-8965(단행본부) 02-763-8966(마케팅부)
팩 스 02-3672-1873 **이메일** book@isamtoh.com **홈페이지** www.isamtoh.com

ⓒ최인호(글), 2009. Printed in Korea.
ⓒ주명덕(사진), 2009. Printed in Korea.

ISBN 978-89-464-1756-4 03810
ISBN 978-89-464-1758-8 (세트)

이 도서의 국립중앙도서관 출판시도서목록(CIP)은 e-CIP 홈페이지
(http://www.nl.go.kr/cip.php)에서 이용하실 수 있습니다. (CIP제어번호:CIP2009001931)

값은 뒤표지에 있습니다.
잘못 만들어진 책은 구입처에서 교환해 드립니다.